# Die Wilhelm-Busch-Bibliothek

Band 10

Wilhelm Busch

# **Die belebte Straße**

Entscheidende Begegnungen mit Jesus

aussaat

clv

1. Auflage 2006

© 2006 Aussaat Verlag

Verlagsgesellschaft des Erziehungsvereins mbH,

Neukirchen-Vluyn
Satz: CLV
Umschlag: H. Namislow
Druck und Bindung: GGP Media GmbH, Pößneck

Die Wilhelm-Busch-Bibliothek besteht aus 13 Bänden

ISBN-10: 3-7615-5487-7 (Aussaat)
ISBN-13: 978-3-7615-5487-6 (Aussaat)
ISBN-10: 3-89397-681-7 (CLV)
ISBN-13: 978-3-89397-681-2 (CLV)

# Inhalt

Ein Wort zur Erklärung des Titels ................... 7

**Lukas 18,35-43**

Die Heilung des Blinden ..................................... 9
Mit den Augen Jesu gesehen ........................... 10
Jesus und sein »ochlos« ................................... 15
Ein Mann wird auf Jesus aufmerksam ........... 21
Eine wunderliche Predigt ................................ 27
Eine Seele erwacht zum ersten
Lebensschrei ..................................................... 33
Unerfahrene und unerleuchtete Christen ..... 39
Die Kraft einer erwachenden Seele ............... 45
»Jesus aber stand still« .................................... 51
Warum handelt Jesus so wunderlich? ........... 56
Jesus führt die Seele zur Klarheit ................... 62
Ein Mann vor dem Herrn ................................ 68
Jesus tut ein Zeichen ....................................... 75
Die Melodie der Bibel ...................................... 80
»Meine Seele soll sich rühmen des Herrn« .. 87
»Er folgte Jesus nach« ..................................... 93
Seltsame Begebenheiten ................................. 98
Die ansteckende Gesundheit ........................ 104

**Lukas 18,18-30**

Der reiche Jüngling ........................................... 111
Die wichtigste Sorge ........................................ 112
Drei grundlegende Fragen................................ 117
»Du weißt die Gebote wohl!« ......................... 123
Gibt es gute Menschen? ................................... 129
Wie einschneidend ist eine Begegnung
mit Jesus! ............................................................ 135
»Warum so traurig?« ....................................... 140
Drei erschreckende Beobachtungen ............. 147
Willst du in das Reich Gottes kommen? ..... 153
Der Durchbruch ................................................ 159
Ein Jünger spricht von seinem Leben .......... 164
»Wer wagt, gewinnt!« ..................................... 171

# Ein Wort zur Erklärung des Titels

Wer das Neue Testament aufmerksam liest, der wird entdecken, dass viele der dort erzählten Begebenheiten sich auf der Straße abgespielt haben. Wo der Herr Jesus hinkam, belebten sich die Straßen. Auch die in diesem Band besprochenen Geschichten haben sich auf den Straßen des jüdischen Landes ereignet.

Still und heimlich geht der auferstandene Herr auch durch die Straßen unseres Landes, durch laute Straßen der Großstädte und über stille Feldwege. Und auch heute laufen Menschenkinder auf tausend Straßen zu Jesus. Und im Grunde geschieht das, was damals auf den Straßen geschah, unter uns immer wieder von neuem. So dachte ich, der gewählte Titel dieses Büchleins wäre wohl geeignet auszusagen, was ich meine.

Aber noch an etwas anderes dachte ich: Der Apostel Johannes beschreibt das Kommen Jesu mit den Worten: »Das Leben ist erschienen, und wir haben gesehen und bezeugen und verkündigen euch das Leben, das ewig ist, welches war bei dem Vater und ist uns erschienen.« Das »Leben, das ewig ist«, ist auf die schmutzigen und traurigen Straßen der Welt gekommen. Nun wurde die Straße in Wahrheit »belebt«.

Und von der Straße, die solcherart belebt ist, will dies Büchlein zeugen. Die hier vorliegenden Predigten wurden in der Großstadt Essen in Gottesdiensten gehalten, an denen vornehmlich junges Volk teilnahm. Möchten sie uns zu dem rufen, der auch uns Tote beleben kann!

Wilhelm Busch

# Die Heilung des Blinden

Lukas 18,35-43

*»Es geschah aber, da er nahe an Jericho kam, saß ein Blinder am Wege und bettelte.«*
Lukas 18,35

Wie meisterhaft versteht es die Bibel, uns ein eindrucksvolles Bild zu zeichnen!
Sehen wir diesen kleinen Bildausschnitt nicht vor uns? Im Hintergrund die Stadtmauern von Jericho. Davor am Straßenrand eine Elendsgestalt: der blinde Bettler.
Man kann dies Bild unter verschiedenen Gesichtspunkten ansehen.
Der Maler: »Wie malerisch ist diese Gestalt vor den altersgrauen Mauern!« Der Sozialist: »Da sieht man, wie der römische Monopolkapitalismus die Massen verelenden lässt!« Der Menschenfreund: »Ich sollte einen Aufruf erlassen zur Erbauung von Blindenheimen.« Der Politiker: »Wie hoffnungslos verlumpt doch ein Volk unter einer fremden Besatzungsmacht!«
»Es geschah aber, dass Jesus nahe an Jericho kam.« Nun kommt der Sohn Gottes, der Herr, der Heiland. Der hat ganz besondere Augen.

Es hat mich nicht losgelassen, einmal zu fragen, wie Er diesen Bildausschnitt sieht.

## Mit den Augen Jesu gesehen

### 1. Er sieht eine Stätte großer Taten Gottes

Jericho!
Das war eine Stadt, von der im Alten Testament Bedeutsames berichtet wird. Und ich bin überzeugt, dass beim Anblick Jerichos dem Heiland das klar vor Augen stand.
Als das Volk des Alten Bundes aus Ägypten in das verheißene Kanaan kam, versperrte ihm die starke Stadt Jericho den Weg. »Bis an den Himmel vermauert«, so war sie für Israel uneinnehmbar. Aber an der Spitze des Volkes stand Josua. (Das ist die hebräische Form des Namens »Jesus«.) Zu dem sagte der Herr, sie sollten 7 Tage betend und schweigend um die Stadt ziehen. Das taten sie unter dem Hohn der Leute auf den Mauern. Am siebten Tag aber durften sie ein Siegesgeschrei erheben. Da stürzte der Herr die Mauern um, und sie gewannen die Stadt und das Land.
Wahrscheinlich dachten die Bewohner Jerichos kaum mehr an diese alte Geschichte. »Das ist in sagenhafter Vorzeit geschehen«, sagten sie.

»Solche großen Taten Gottes gibt es heute nicht mehr!«

Da aber stand vor ihren Toren der neutestamentliche Josua. Der ist der rechte Mauernbrecher. »Durchbrecher« wird Er in der Bibel genannt. Der sah, dass nicht nur die Leute in Jericho, sondern alle Menschen mit schrecklichen Mauern »bis an den Himmel« vermauert waren. Ja, bis an den Himmel. Denn diese Mauern sind gefügt aus unserer Sünde und Schuld. Und sie trennen uns vom Angesicht und vom Herzen Gottes.

Es gibt keinen, der diese furchtbaren Mauern umwerfen könnte, als nur Jesus, der Sohn Gottes. Er hat es getan, als Er auf Golgatha am Kreuz rief: »Es ist vollbracht!« O, Du herrlicher Mauernzerbrecher, hinter dem her wir in das Himmelreich eindringen können!

Ich denke, so sah Jesus die hochragenden Mauern Jerichos an. Aber wir sind damit noch nicht ganz fertig. Ich sehe Ihn im Geist an jenem Tag, von dem der Text spricht, vor Jericho stehen. Er dachte gewiss: »Sie haben die Mauern, die Josuas Gebet umwarf, neu gebaut. Nicht nur um die Stadt, sondern auch um ihre Herzen. Sie sind hart und verstockt wie die alten Bewohner Jerichos.« Und wie Josua vor die alten Mauern Jerichos trat, so tritt Jesus vor die Herzensmauern. Er will sie überwinden. Und Er ist stark genug, es zu tun. Das weiß ich aus meinem eigenen Leben. Er tut es auch noch heute.

## 2. Er sieht einen Menschen, dem sie alle gleichen

»… da saß ein Blinder am Wege …« Es ist ein hartes Los, das Blindsein.

Jesus sah voll Erbarmen den Blinden. Und dann fiel Sein Blick auf die Menschen ringsum, und Er merkte, dass auch sie blind waren, innerlich blind. Sein Blick fiel auf Schriftgelehrte, und Er wurde traurig. Auch sie waren blind. Er hat sie einmal »blinde Blindenleiter« genannt. Ich weiß: Der Mensch ist empört, wenn er hört, er sei von Natur blind. Er hält sich ja für so erleuchtet. Aber – mit den Augen Jesu gesehen ist er schauerlich blind: Er steht unter den Wolken des furchtbaren Zornes Gottes – und er weiß es nicht. Er tappt in das ewige Verderben – und er sieht es nicht. Die Leute in Jericho meinten, es sei alles bei ihnen in Ordnung. Der Herr aber weint über sie, weil sie »nicht erkennen, was zu ihrem Frieden dient«. Sie halten tausend Dinge für wichtig und sehen nicht, dass nur eins wichtig ist: Buße tun, von den Sünden ablassen, sie dem Herrn bekennen und Sein Angesicht suchen. Da naht sich Gott in Jesus gnädig zu ihnen. Aber sie halten Ihn für einen Verführer und kreuzigen Ihn.

Eine blinde Welt, die heute nicht anders ist. Und der Blinde bettelte. Nicht bei Gott, sondern bei Menschen. Es ist beim blinden Menschen unserer Tage nicht anders. Als ich kürzlich durch die Stadt ging, sah ich vor einem Vergnügungslokal ein großes Gedränge. Da dachte ich: »Wie elend betteln die armen blinden Menschen die Welt an um ein bisschen Hilfe und Freude.«

»Und es geschah, dass Jesus nahte.« Wer etwas vom Evangelium versteht, der hält den Atem an. Wird der Blinde begreifen, dass dies seine Schicksalsstunde ist? Wird er aufhören, die Welt anzubetteln, und Hilfe bei dem suchen, den Gott gesandt hat, dass wir »Leben und volles Genüge« haben?

Ach, was geht uns jener Blinde an! Werden wir das begreifen, was es bedeutet, dass Jesus sich uns naht?

## 3. Er sieht ein Elend, an dem sich Gott verherrlichen will

Es war sicher viel Betrieb am Stadttor. Aber Jesu Augen sahen nur den Blinden. Er hat einen Zug zum Elend. Hast du ein zerschlagenes Herz? Wie nahe ist dir der Heiland!

Die Geschichte fängt so feierlich an: »Und es geschah …« Das heißt: »Aufgehorcht, ihr bekümmerten Seelen! Jetzt kommt Gottes Sohn!« Es zieht Ihn zum Elend. Er sieht auch unser äußeres Elend. Aber Er weiß: Alles Elend der Welt kommt daher, dass wir nicht Kinder Gottes sind, dass wir nicht beten, nicht glauben können, dass wir in Ketten der Sünde gefesselt sind und nicht heraus können. Darum kommt Er in der Predigt von Seinem Kreuz ganz nah zu dir. Auf Seinen Lippen liegt das befreiende Wort: »Fürchte dich nicht, ich habe dich erlöst. Ich habe dich bei deinem Namen gerufen. Du bist mein.« Wer das hört, dem ist geholfen.

»Es geschah aber, dass er nahe an Jericho kam.« Ich habe es manchmal erlebt, dass große Leute in die Stadt kamen. Da gab es Fahnen und viel Musik. Und am Ende lag nur Dreck und Papier auf der Straße herum. Wenn Jesus kommt, geht es still und heimlich her. Aber am Ende heißt es – wie in unserer Geschichte –: »Der Mann, der vormals blind war, pries Gott, und alles Volk lobte Gott.« Dass doch dieser Jubel bei uns anbräche!

*»Da aber der Blinde hörte das Volk, das hindurchging, forschte er, was das wäre.«*
Lukas 18,36

Einen eindrucksvollen Bildausschnitt stellte

der vorige Vers vor unser Auge: Wir sahen im Hintergrund die altersgrauen Mauern Jerichos. Vorn am Straßenrand die elende Gestalt des blinden Bettlers.
Nun belebt sich das Bild: Jesus kommt! Um Ihn her eine große Volksmenge. Sie dämpfen ihre Schritte, um Ihn verstehen zu können. Aller Blicke sind auf Ihn gerichtet. Er ist der Mittelpunkt, um den sich alle scharen. Da habt ihr das Bild der Gemeinde Jesu, wie sie zu allen Zeiten ist. Mir fiel bei diesem Anblick der Vers ein: »Es pilgert durch die Lande / erlöst die selge Schar …« So ist diese Gemeinde: Jesus ist der Mittelpunkt. Um Ihn drängen sich alle. Auf Ihn hören alle. Auf Ihn sehen alle. Mit Ihm sind alle auf der Wanderung zur zukünftigen Welt.
Der blinde Bettler horchte auf, als er hörte »das Volk, das hindurchzog«. Luther übersetzt hier »Volk«. Im Griechischen steht hier »ochlos«. Das ist ein vielsinniges Wort. Wir wollen ihm nachgehen. Damit fällt allerlei Licht auf die Schar, die Jesus nachfolgt.

## Jesus und sein »ochlos«

### 1. »ochlos« bedeutet: »die große Menge«

Das griechische Wort »ochlos« wird gebraucht,

wenn es sich um bedeutende Menschenansammlungen handelt. Das ist nun allerdings eine Ausnahme, dass hier eine große Menge dem Heiland folgte. Denn Er hat es immer mit den wenigen zu tun. Er hat selbst gesagt, dass nur wenige den schmalen Weg zum Leben finden. Er hat selbst Seine Gemeinde die »kleine Herde« genannt und sie ermahnt, sie solle sich trotz ihrer Kleinheit nicht fürchten. Er hat gesagt: »Wo zwei oder drei versammelt sind in meinem Namen, da bin ich mitten unter ihnen.« Damit hat Er deutlich gemacht, dass Er es mit der kleinen Zahl hält.

Wer also bei Jesus sein will, wer sein Heil bei Ihm sucht, der muss den Mut haben, gegen den Strom zu schwimmen. Das ist nicht leicht. Und wir werden auf unserm Glaubensweg manchmal recht einsam sein.

Aber nun muss ich etwas Seltsames sagen: Trotzdem dürfen wir wissen, dass dem Herrn Jesus ein »ochlos«, eine große Menge, folgt. Denn als der Johannes im Geist die Vollendung sah, da – so lesen wir in Offbg. 7 – erblickte er eine »große Schar, welche niemand zählen konnte, aus allen Heiden, Völkern und Sprachen, vor dem Thron Gottes und des Lammes«. Das Auge sieht immer nur die wenigen. Der Glaube aber weiß um die unzählbare

Schar, die Jesus angehört. Ich bin überzeugt, dass der Herr Seinen guten Grund hatte, als Er dies so ordnete. Wir sollen unsern Mut nicht schöpfen aus dem Anblick der vielen, die mit uns den gleichen Weg gehen. Unser Mut darf uns nur kommen vom Anblick unsres gekreuzigten Herrn, der uns zu Seinem Eigentum erkauft hat.

In unserm Text aber wird nun erzählt, dass auch einmal ein »ochlos«, ein großer Haufe, Ihm sichtbar folgte. Das ist je und dann geschehen – in Erweckungszeiten. Das sind selige Zeiten, wenn wir die Erfüllung der Verheißung vor Augen sehen: »Ich will ihm große Menge zur Beute geben.«

Aber ob es nun viele sind oder wenige, die Ihm heute folgen – dass wir nur dabei sind! »Himmelan wallt neben dir / alles Volk des Herrn, / trägt im Himmelsvorschmack hier / seine Lasten gern. / O schließ dich an ...!«

## 2. »ochlos« bedeutet: »das Volk ohne seine Führer«

Das griechische Wort »ochlos« wird dann gebraucht, wenn man die Führung eines Volkes betrachtet und das Volk gesondert davon. Wir haben oft die Formel gehört: »Regierung und Volk.« In diesem Fall würde im Griechischen

»ochlos« stehen. Das ist das Volk – ohne seine Führung.

Ja, es war ein Volk ohne Führung, das Jesus nachfolgte. Wohl hatte es Hirten und Führer und Regenten. Aber die hatten das Volk nur in die Irre geführt. Es heißt einmal: »Jesus jammerte des Volkes, denn sie waren verschmachtet und zerstreut wie Schafe, die keinen Hirten haben.«

Das Wort passt genau in die geistige Lage unserer Zeit: »… verschmachtet und zerstreut wie Schafe, die keinen Hirten haben.« Wie schrecklich klagt das die geistliche, geistige und politische Führung unseres armen Volkes in den letzten Jahrhunderten an! Da hat man auf den Lehrstühlen der Universitäten die Bibel schlecht gemacht. Da wurden von den führenden Köpfen die Gebote Gottes verharmlost. Da hat man das Volk immer weiter weggeführt vom lebendigen Gott. Da hat man ihm grüne Weide versprochen in der sogenannten »Kultur«. Da hat man ihm eine Fata morgana vorgespiegelt in politischen Heilslehren. – Und das Ende? Nicht anders als zu Jesu Zeiten: »verschmachtet wie Schafe, die keinen Hirten haben«.

Wie anders aber ist nun das Bild, das unser Text zeigt: Dieser arme »ochlos«, dieser verschmachtete Haufe, hat den gefunden, der von sich sagen kann: »Ich bin der gute Hirte.«

Ja, das ist Er. Er, der Sein Leben gelassen hat für Seine Schafe. Wie selig ist die Gemeinde, die in aller Ratlosigkeit unserer Tage bekennen kann: »Der Herr ist mein Hirte. Mir wird nichts mangeln. Er weidet mich auf einer grünen Aue und führt mich zum frischen Wasser. Er erquicket meine Seele …« (Psalm 23).

## 3. »ochlos« bedeutet: »der armselige Haufe« oder »der Pöbel«

Ich denke mir: Der Stadtkommandant von Jericho hat recht verächtlich die Nase gerümpft, als er die Schar um Jesus sah. »Ochlos! Pöbel!« dachte er. Und er hatte recht. »Zöllner und Sünder« waren es.

Ich habe einmal gehört, wie in einer Versammlung ein christlicher Redner dadurch zu werben versuchte, dass er aufzählte, wie viel bedeutende Leute Christen seien. Ich musste lächeln. Denn in meiner Bibel steht: »Nicht viel Weise nach dem Fleisch, nicht viel Gewaltige, nicht viel Edle sind berufen. Das Verachtete hat Gott erwählt, dass sich vor ihm kein Fleisch rühme.«

Der »ochlos«, der mit Jesus zieht, ist nicht nur in den Augen der Welt ein wunderlicher und armseliger Haufe. Viel bedeutsamer ist, dass diese Leute in ihren eigenen Augen nichts sind. Luther sagt im Katechismus: »Ich verlorener und verdammter Mensch.« Das ist stark. Aber so sehen sich alle, die in Gottes Licht gekommen sind. Sie sehen keine Rettung vor dem Gericht Gottes als bei Jesus. Darum klammern sie sich an Ihn.

Nun, mag die Welt über diesen »ochlos«, über diesen Pöbel der Gemeinde Jesu lächeln. Wir wissen, dass wir in uns nichts sind. Aber unser Ruhm ist Er, Jesus. Und in Ihm dürfen auch wir herrlich sein. Denn »er hat uns erkauft und uns vor Gott zu Priestern und Königen gemacht«. Ihm gehört unsere Anbetung.

*»Da aber der Blinde hörte das Volk, das hindurchging, forschte er, was das wäre.«*
Lukas 18,36

Ein schreckliches Bild wird uns in 4. Mose 21 vor die Augen gestellt: In das Lager Israels in der Wüste waren feurige Schlangen gekommen. Welch ein Jammer und welch eine Verwirrung! Überall hörte man das Seufzen der Sterbenden, das Geschrei der Flüchtenden. Doch wohin fliehen?!

Mitten aber in dem Tumult steht Mose. Auf Gottes Befehl hat er eine eherne Schlange aufgerichtet. Nun ruft er laut: »Wer gebissen ist und sieht die eherne Schlange an, der soll leben.«

Der Sohn Gottes hat auf diese Geschichte Bezug genommen, als Er sagte: »Wie Mose in der Wüste eine Schlange erhöht hat, so muss des Menschen Sohn erhöht werden, auf dass alle, die an ihn glauben, nicht verloren werden, sondern das ewige Leben haben.«

Es ist kein Zweifel, dass wir alle von dem Schlangengift der Sünde infiziert sind, das unfehlbar den ewigen Tod herbeiführt. Dass uns das doch ängsten wollte! Nur in Jesus, dem am Kreuz Erhöhten, kann uns Errettung zuteil werden.

Es gibt also für einen Menschen gar nichts Wichtigeres, als dass er an Jesus glaubt.

Wer das weiß, den erschreckt es, wie gleichgültig die Menschen sind. Und er hält es für eine bedeutsame Sache, wenn ein Mensch auf Jesus aufmerksam wird. Davon spricht unser Text.

## Ein Mann wird auf Jesus aufmerksam

### 1. Wodurch er aufmerksam wurde

An der großen Straße, die auf das Stadttor von Jericho zulief, saß der arme Blinde und bettelte. So oft er jemanden vorübergehen oder -fahren hörte, streckte er bittend seinen Holzlöffel aus.

Dann kam Jesus. Um Ihn her eine große Volksmenge. Der Blinde spitzte die Ohren: »Da er hörte das Volk, das hindurchging, forschte er, was das wäre.«

Ein entscheidender Augenblick in seinem Leben! Er wurde aufmerksam auf den, der sein ganzes Leben erneuern sollte.

Wodurch wurde er auf Jesus aufmerksam? Er konnte Ihn doch nicht sehen. Er konnte wohl auch kaum hören, was Jesus sagte. Wodurch wurde er aus der Eintönigkeit seiner Bettelei aufgeweckt?

Durch das Volk, das um Jesus her war! Er hatte sicher schon öfter große Volksmengen vorüberziehen hören. Aber diesmal war es anders als sonst. Vielleicht packte ihn die große Stille, die über der Menge lag. Vielleicht schnappte er ein Wort auf. Und da war nicht die Rede von Fischpreisen oder von Politik, sondern vom »Reich Gottes« und von »Vergebung der Sünden«. Jedenfalls wird das aus dem Text heraus klar: Das Volk, das um Jesus her war, war die Veranlassung, dass er nach Jesus forschte. Das Volk, das um Jesus her war, machte ihn auf den Retter aufmerksam.

Das ist eine Sache, die uns sehr beunruhigen sollte. Denn wir sind ja heute das Volk, das um Jesus her ist.

Und die blinden Menschen, die geistlich Blinden, die Jesus nicht kennen und sehen, die sehen und hören uns. Ist unser Leben so, dass die Menschen dadurch auf Jesus aufmerksam gemacht werden? Ist unser Wandel so, dass die blinden Menschen fragen müssen: »Wer ist der, dem ihr nachfolgt?« Ist unser Wesen so still, so rein, so auf Jesus ausgerichtet, dass die Welt dadurch auf Jesus aufmerksam gemacht wird?

Der Herr sagt: »Ihr seid das Licht der Welt.« Sind wir es? Paulus sagt, die Gemeinde sei »ein Brief Christi an die Welt«. Sind wir das? Es wäre gut und heilsam, wenn diese beunruhigende Frage uns wirklich beunruhigen wollte.

## 2. Was der Blinde nun tat

»Er forschte, was das wäre.«

Das ist seltsam: das heißt ja, dass er seinen Holzlöffel, mit dem man im Orient bettelt, ruhen ließ. Wohl hielt er – wie vorher auch – die Leute dringlich an. Aber nun nicht mehr, um zu betteln, sondern um zu forschen, »was das wäre«.

Er war gewiss ein armer Mann und brauchte die Einnahmen. Aber als er auf Jesus aufmerksam wurde, als das allererste geistliche Licht in sein Herz fiel, da wusste er: Wichtiger als alles andere ist, dass ich hier Klarheit bekomme.
Wie unterscheidet sich dieser Mann doch von den meisten Menschen! Denen ist alles andere wichtiger als Jesus und das ewige Heil. Gott sendet Seinen Sohn. Der stirbt am Kreuz, »auf dass alle, die an ihn glauben, nicht verloren werden«. Und –?
»Ja, ja«, sagt der Mensch, »das ist schön und gut. Und ich bin auch gar nicht gegen das Christentum. Nur: Ich habe jetzt wirklich andere Sorgen.« Wie töricht ist das! Es wird einmal der Tag kommen, wo alles, was uns heute umtreibt, vergessen sein wird. Da wird es nur noch eine einzige Frage geben: »Habe ich Frieden mit Gott? Habe ich Vergebung der Sünden?« In einem Lied heißt es: »Ach sucht doch den, / lasst alles stehn, / die ihr das Heil begehret …!«
Noch auf etwas anderes möchte ich euch in diesem Zusammenhang aufmerksam machen: Wenn ich der Blinde gewesen wäre, dann hätte ich wahrscheinlich gedacht: »Jetzt kann ich doch einmal einen großen ›Schnitt‹ machen, wo so viel Leute vorbeigehen. Da will ich

tüchtig betteln. Was mit dieser Volksmenge eigentlich los ist, das kann ich heute abend noch erfahren.«

Hätte er so gesagt, dann wäre Jesus vorübergegangen. Und der Blinde wäre nicht zu Ihm gerufen worden. Und er wäre nicht sehend geworden, wie es ihm durch Jesus geschah. Da werden uns einige wichtige Worte der Bibel unterstrichen. »Suchet den Herrn, solange er zu finden ist; rufet ihn an, solange er nahe ist.« Oder: »Sehet, jetzt ist die angenehme Zeit, jetzt ist der Tag des Heils.« Es gibt so viele, die genau wissen, dass ihr Leben in Ordnung kommen müsste, dass alles anders werden müsste, kurz, dass sie sich bekehren sollten. Aber sie schieben es auf – bis Jesus vorübergegangen ist. Und am Ende geht es ihnen trotz allem Predigt-Hören wie Esau, von dem es heißt: »Er fand keinen Raum zur Buße, obwohl er sie mit Tränen suchte.«

### 3. Das Aufmerksam-Werden war nur ein Anfang

Hier war ein Mann auf den Erretter Jesus aufmerksam geworden. Das ist schon eine große Sache, wenn ein Mensch so erweckt wird. Aber es ist nur ein Anfang. Wenn das bei dem Blinden alles gewesen wäre, dann wäre er in seinem Elend geblieben. Genauso, wie wir in

unserm Elend stecken bleiben, wenn wir uns nur erwecken lassen.
Es ging weiter mit dem Blinden: Er rief Jesus an. Er wurde vor Ihn gerufen. Er wurde sehend. Er pries Gott. Es wurde alles neu.
Der Herr Jesus hat einmal einem Mann, der auch auf Ihn aufmerksam geworden war, das wichtige Wort gesagt: »Es sei denn, dass jemand von neuem geboren werde, sonst kann er nicht in das Reich Gottes kommen.« Gebt doch dem Geist Gottes in euch Raum, dass Er es dahin mit euch bringe, dass ihr wirklich versöhnte Kinder Gottes werdet, die es wissen: »Er hat mich angenommen.«
Ich möchte zum Schluss darauf hinweisen, dass dies nicht jahrelang dauern muss. Bei dem Blinden kam es in wenigen Minuten dazu. – Aber wie es auch geschehe: Lasst uns nicht in den Anfängen eines Christenstandes stecken bleiben!

*»Da verkündigten sie dem Blinden, Jesus von Nazareth ginge vorüber ...«*
Lukas 18,37

Kürzlich unterhielt ich mich mit einem gebildeten Mann. Der sagte mir: »Ich bin kein Kirchenläufer. Ich gehe lieber in den Wald. Da

setze ich mich auf eine Bank und halte so meinen Gottesdienst.«
Ich musste ihm erwidern: »Diese Ansicht ist zwar nicht neu und originell. Aber dafür ist sie grundfalsch.« Gottes Wort sagt klar: »Der Glaube kommt aus der Predigt.« Und damit keiner auf den Gedanken komme, jede Kanzelrede sei eine »Predigt«, fährt Gottes Wort fort: »Die Predigt aber kommt aus dem Wort Gottes.«
Ohne Predigt also entsteht kein rechter Glaube. Bei dem Wort »Predigt« stellen wir uns nun sofort einen Pastor vor mit Talar und Beffchen. In der Bibel aber werden uns auch sehr viele andere Prediger vorgeführt. Da wird sogar berichtet, dass einmal eine Eselin gepredigt habe. Und der Schächer am Kreuz hielt seinem Kumpan eine Predigt. Und am Pfingsttag predigten zwölf Handwerker so, dass es in allen Sprachen verstanden wurde.
Auch unser heutiger Text ist ein Bericht über

## Eine wunderliche Predigt

### 1. Der einzige Hörer

Im Allgemeinen ist es ja so, dass bei einer Predigt einer spricht und viele zuhören. Schon das ist bei unserm Text so wunderlich, dass da viele Prediger sind, aber nur ein einziger Zuhörer.

Aber dieser eine war ein richtiger Hörer einer evangelischen Predigt. Er gehörte zu den Elenden. Gottes Wort schildert uns diese rechten Zuhörer: »Die Opfer, die Gott gefallen, sind ein geängstigter Geist; ein geängstet und zerschlagen Herz wirst du, Gott, nicht verachten.« Und im 34. Psalm heißt es: »Der Herr ist nahe bei denen, die zerbrochenen Herzens sind, und hilft denen, die ein zerschlagenes Gemüt haben.«

Ihr kennt doch die Geschichte, wie die Jünger auf dem See Genezareth in einen furchtbaren Sturm kamen. Zuerst waren sie überzeugt: »Damit werden wir allein fertig. Das kann einen Seemann nicht erschüttern.« Damit aber war ihr Herz völlig verschlossen für die Predigt des Evangeliums. Aber als sie nur noch Untergang und Tod um sich sahen, da wurden sie froh an dem Fleisch gewordenen Wort Gottes, an Jesus. Und ihr geängsteter Geist hielt sich allein an Ihn.

Vor kurzem besuchte ich einen Mann. Der hielt mir einen langen Vortrag, was für ein braver und guter und fleißiger Mensch er sei. Ich bin vor so viel Tugend geflohen – und vor so viel Selbsttäuschung. Aber ehe ich ging, habe ich ihm gesagt: »Ihnen habe ich nichts zu bestellen. Aber wenn Sie einmal nicht mehr schlafen können, weil Ihre Sünden aufwachen und über Ihr Haupt gehen, – wenn einmal Gottes Zorn in Ihrem Gewissen brennt und Sie Angst bekommen, dass Ihr Weg in die Hölle führt, – dann will ich wieder zu Ihnen kommen.«

Mir sagte einmal ein junges Menschenkind: »Ich sehe ja, wie reich und selig rechte Christen sind. Ich sehne mich danach. Aber ich kann es nicht erfassen.« Da musste ich denken: Wie hat Gott Wohlgefallen an solch einem Menschen, der weiß, dass er blind ist, und der gern sehend werden möchte!

So einer war der Blinde in unserer Geschichte. Und deshalb war er ein rechter Hörer.

## 2. Die vielen Prediger

»Und sie verkündigten ihm, Jesus von Nazareth ginge vorüber.« Wer waren diese »sie«, diese Prediger, die dem blinden Bettler die frohe Botschaft brachten, dass der Heiland gekommen sei?

Nun, sie gehörten nicht in die Reihe der »bekannten Kanzelredner«. Es waren vielmehr namenlose und unbekannte Leute. Außerdem müssen wir sie nach unseren Begriffen für durchaus ungeeignet zum Predigen halten. Denn ihre Predigt war – wie ich nachher zeigen werde – theologisch gar nicht einwandfrei. Und außerdem bewiesen sie sich als miserable Seelsorger. Denn als der Blinde nachher nach Jesus schrie, sagten sie ihm, er solle nicht solchen Lärm machen.

Und doch – ihre Predigt war sehr erfolgreich. Durch sie kam ihr einziger Hörer zum lebendigen Glauben.

Damit wird uns etwas sehr Wichtiges gesagt: Der Heiland will durch das Volk, das um Ihn ist und Ihm nachfolgt, bekannt gemacht werden. Gewiss hat Er es so geordnet, dass Er »etliche zu Predigern« gesetzt hat, »dass die Gemeinde gebaut werde«. Aber ebenso gewiss will Er, dass Er bekannt gemacht wird durch das Volk, das Seine großen Taten weiß und gesehen hat.

Ich will euch zwei Beispiele sagen. Im Alten Testament wird erzählt, wie die Königin von Reicharabien zu Salomo kommt. Als sie seine Weisheit gehört und seine Herrlichkeit gesehen hat, ruft sie: »Es ist mir nicht die Hälfte gesagt.« Wer hat ihr denn etwas gesagt? Nun, die Menschen um Salomo, seine Diener und Knechte verbreiteten seinen Ruhm. Hier aber, bei Jesus, ist mehr denn Salomo! Sollte Jesu

Volk nicht Seinen Namen und Seine Taten bekannt machen?

Und das andere Beispiel: Die größte und wichtigste Christengemeinde in der alten Welt war die Gemeinde in Rom. Ist es nicht seltsam, dass wir gerade über die Entstehung dieser Gemeinde gar nichts wissen? Wer hat sie gegründet? Sklaven, die nach Rom verkauft wurden, Kaufleute, die geschäftlich in Rom zu tun hatten, namenloses Volk hatte es der Weltstadt gepredigt: »Also hat Gott die Welt geliebt, dass er seinen eingeborenen Sohn gab, auf dass alle, die an ihn glauben, nicht verloren werden, sondern das ewige Leben haben.« O, dass wir solch ein Volk um Jesus her wären, das den Blinden an den Straßen Seinen Namen verkündigt!

## 3. Die wunderliche Predigt

Als ich noch ein junger Hilfsprediger war, sagte mir einmal ein alter Mann: »Sie predigen ja ein bisschen sehr kurz; aber ein junger Mann weiß wohl noch nicht so viel.« Was würde der Alte wohl zu dieser Predigt in unserem Text gesagt haben? Die bestand nur aus einem einzigen Satz: »Jesus von Nazareth geht vorüber.«

Im Alten Testament ist verkündigt: »Aus Bethlehem soll mir der kommen, der in Israel Herr sei.« Wenn dieser Jesus aus Nazareth wäre, dann wäre Er gar nicht der verheißene Heiland. Aber – Gott sei Dank – Er ist es doch. Er ist der Jesus, der in Bethlehem geboren wurde. Aber diese kurze Predigt aus einem Satz, die obendrein noch anfechtbar war – diese Predigt hat im Herzen des Blinden den Glauben erweckt, dass er den Herrn Jesus als den Messias erkannte und Ihn bei Seinem messianischen Namen anredete: »Jesus, du Sohn Davids!« Das bekommt der Heilige Geist fertig, dass solch eine kümmerliche Predigt so eine tiefe Wirkung erzielt.

Aber nun muss ich diese Volkspredigt zum Schluss doch auch loben. Sie war herrlich! Sie kam nämlich sofort »zur Sache«, auf die es ankommt. Sie verkündete Jesus. Und die schönste Predigt ist leer, wenn sie das nicht tut. Der Herr helfe uns, dass auch wir alle solche Prediger werden, bei denen es heißt: »In Wort und Werk und allem Wesen / sei Jesus und sonst nichts zu lesen.«

*»Und der Blinde rief und sprach: Jesu, du Sohn Davids, erbarme dich mein!«*
Lukas 18,38

Als ich einmal mit einem Kreis von Freunden zusammensaß, wurde jeder aufgefordert zu berichten, welches Erlebnis im Bereich des natürlichen Lebens ihm den tiefsten Eindruck gemacht habe.

Die Reihe kam auch an mich. Und ich sagte: »Mich hat im Leben kaum etwas so erschüttert wie der erste Schrei meines ersten Kindes.« Die Freunde sahen mich erstaunt an. Da fuhr ich fort: »Ich habe viel Großes und Eindrückliches in meinem Leben erfahren. Aber im Bereich des Natürlichen hat mich wirklich nie mehr etwas so erschüttert wie dieses. Der erste Schrei eines neuen Lebens! Das ist etwas ganz Großes!«

Nun gibt es nicht nur ein natürliches, physisches Leben. Es gibt auch ein geistliches Leben aus Gott. Wie schön und gewaltig muss wohl der erste Schrei eines Lebens aus Gott sein! In unsrem Text hören wir solch einen Schrei eines erwachenden geistlichen Lebens.

## Eine Seele erwacht zum ersten Lebensschrei

### 1. An wen richtet sich der Schrei?

Ein Beispiel soll klarmachen, was hier zu sagen ist: Kürzlich lag mitten auf unserer Straße eine Blechbüchse. Da kam ein Junge, der sofort im Weitergehen mit der Büchse Fußball spielte.

Da war natürlich kein Tor. Er hatte kein Ziel mit seiner Büchse. – Wie anders ist einer, der bei einem der großen Fußballspiele den Ball ins Tor schießt! Der weiß, wohin er will.

So ist es mit unseren Gebeten. Es regt mich allmählich auf, wie viel religiöse Unklarheit unter uns herrscht. Da redet man vom »Herrgott« oder von einem »höheren Wesen«. Man hat keine klaren Vorstellungen und weiß nichts von einer hellen Offenbarung Gottes. Wenn man dann in Not kommt, ruft man vielleicht diesen »Herrgott« auch mal an. Aber es ist wie bei dem Jungen: man weiß nicht, wohin man sein Gebet richtet, man erwartet im Grunde auch keine Erhörung.

Wie anders der Blinde in unserm Text! »Herr Jesu, du Sohn Davids!« ruft er. Sein Ruf geht nicht ins Nebelhafte. Sein Gebet ist »ein Schuss ins Tor«. In Jesus ist das Herz Gottes aufgetan. Sein Gebet zielt mitten in Gottes Herz.

Und noch etwas ist hier wichtig. Unsere Geschichte macht an dieser Stelle einen bemerkenswerten Fortschritt. Bisher hatte sich dieser blinde Bettler für Jesus interessiert. Er hatte auch von Jesus gehört. Aber nun wendet er sich zum ersten Mal an den Herrn selbst. Und damit beginnt das Leben aus Gott – mit diesem Gebetsschrei zu Jesus hin.

Ich fürchte, dass sehr viele von meinen Lesern bis zu diesem Punkt noch nicht gekommen sind. Man hört von dem Sohn Gottes. Man interessiert sich auch für Ihn. Aber – man hat Ihn noch nie angesprochen und angerufen. Prüft euch, ob es bei euch so steht!

Das ist ja auch nichts Geringes. Solch ein Anrufen des Herrn Jesu ist der erste Schrei eines Lebens aus Gott, das vom Geist Gottes gewirkt ist.

Wie wichtig ist dies Anrufen Jesu! Es ist doch auffällig, dass dreimal in der Bibel steht: »Wer den Namen des Herrn anrufen wird, soll selig werden.«

## 2. Wie hört sich der Schrei an?

Ich bin überzeugt, dass jedes Gebet einen besonderen Klang hat. Wenn wir gemeinsam das Gebet des Herrn beten, dann klingt das wie ein Volksgemurmel. Im Hannoverschen habe ich gehört, wie man Gebete in der Kirche gesungen hat. Das klingt schön und feierlich. Und dann habe ich Tischgebete gehört, die hörten sich an wie eine blecherne Leier.

Das Gebet des Blinden klang ganz anders. Es war wirklich ein Schrei, in dem all die Verzweiflung eines elenden Lebens herausbrach. Lange war diese Verzweiflung niedergehalten worden. Aber nun war Jesus da. Und da durfte die Not herausbrechen.

Ich bin überzeugt, dass der erste Schrei eines Lebens aus Gott immer so klingt. Lest doch einmal die Gebete der Bibel! Im Richterbuch wird berichtet, wie Israel unter dem harten Druck der Feinde keinen Rat mehr weiß. »Da schrien sie zum Herrn.« In dem Gleichnis vom verlorenen Sohn, der es vor Gewissensunruhe nicht mehr aushält, ruft er weinend am Herzen des Vaters: »Ich habe gesündigt.« Der Schächer am Kreuz, der in der Todesstunde die Hölle vor seinen Füßen aufgetan sieht, wendet sich hilfesuchend an Jesus.

Ja, wer einmal den Gebeten der Bibel nachgeht, der wird finden: Sie sind entweder Schreie von solchen, die versinken (z. B.: »Aus der Tiefe rufe ich, Herr, zu dir!« oder »Verbirg dein Antlitz vor meinen Sünden … Verwirf mich nicht von deinem Angesicht!«), oder es sind die Jubelschreie solcher, die Erbarmung fanden, die gerettet wurden. – Kennen wir eigentlich solches Beten? Die meisten Menschen haben keine Ahnung davon, weil sie ihr Elend nicht empfinden, das Elend eines Herzens ohne Frieden mit Gott, die Blindheit ihrer Augen, die Verderbtheit ihrer Natur und den Ernst des Gerichtes Gottes.

## 3. Was ist der Inhalt dieses Schreies?

Zunächst zeigt sich in diesem Schrei ein fester Glaube. Der Blinde ruft zu Jesus und nennt Ihn: »Du Sohn Davids.« Das war der Name, mit dem der erwartete Messias in Israel bezeichnet wurde. Der Blinde sagt mit einem Wort: »Ich glaube, dass Du der bist, von dem Mose und die Propheten geweissagt haben: der Heiland, der Erretter.«

Ebenso wichtig aber ist im Schrei des Blinden etwas anderes. Er sagt nicht: »Ah, nun sollst Du mir Rede stehen: Wie kann Dein Vater so etwas zulassen, dass ich so leiden muss?« Er behauptet auch nicht: »Ich bin ein guter Mensch und darum wert, dass Du mir hilfst!« Nein! So sagt er nicht. Er erbittet nur Gnade. »Erbarme dich mein!« Das ist wichtig.

Ich höre den ganzen Tag Menschen, die erklären: »Ich bin ein guter Mensch! Ein fleißiger Mensch! Ein frommer Mensch! Ich tue recht und scheue niemand! Ich kann erwarten, dass Gott mir beisteht und mich am Ende selig macht.« Das ist ein tödlicher Betrug.

Ein Beispiel soll es klarmachen: Ich kam einst von der Schweiz zurück. In meinem Geldbeutel hatte ich noch einen silbernen Franken. Versehentlich legte ich, als ich in einem deutschen

Laden etwas einkaufte, den Franken an Stelle einer Mark auf den Tisch. Der Kaufmann schob ihn zurück und sagte: »Diese Währung gilt hier nicht.«

Und so ist es, wenn wir mit unsern guten Werken vor Gott treten wollen. Ach, es mag ja sein, dass wir allerlei aufzuweisen haben, wenn ich auch glaube, dass man sich da meist täuscht. Aber wie es auch sei: Gott erklärt uns: »Diese Währung gilt hier nicht seit dem Karfreitag, an dem Mein Sohn auf Golgatha starb!« Wie schrecklich, mit wertlosem Geld vor Ihm zu stehen! Was tun? Wirf diese falsche Währung eigener Werke weg und erbitte Gnade wie der Blinde! Und Jesus schenkt dir Leben, Vergebung, Frieden, alles – umsonst

*»Die aber vornean gingen, bedrohten ihn, er solle schweigen.«*
Lukas 18,39a

Als der blinde Bettler hörte, dass Jesus in der Nähe sei, schrie er Ihm entgegen: »Jesus, du Sohn Davids, erbarme dich mein!« Er brüllte so laut, dass die Vorübergehenden ihn bedrohten: »Halte doch den Mund!«

Hier nun berichtet die Bibel etwas Verwunderliches: Der Blinde horchte auf, fragte, bekam

die Antwort und entschloss sich loszuschreien. Während dies geschah, musste doch der Haufe, der mit Jesus zog, ungefähr vorüber sein. Und so könnte ich es verstehen, wenn da stünde: »Die Letzten im Zuge bedrohten ihn ...«
So aber heißt es nicht. Sondern: »Die vornean gingen, bedrohten ihn.« Wie ist das zu erklären? Das will sagen: Hier ging alles schnell. Der Blinde hat sich nicht lange besonnen. Kaum hat ihm einer der Ersten gesagt: »Jesus ist da!« – da schreit er auch schon los. Von Jesus hören und Ihn anrufen – das war eins!
Wie klug handelte der Blinde! Ich habe Leute gekannt, die haben sich so lange besonnen, bis Jesus an ihnen vorübergegangen und alles zu spät war.
So erfreulich aber das Bild des Blinden ist, so traurig ist das Bild der Leute, die ihn bedrohen. Ich kann nicht leugnen, dass sie irgendwie Christen waren. Denn sie wandelten ja mit Jesus.
Aber sie waren

## Unerfahrene und unerleuchtete Christen

### 1. Man sieht das Elend des Bruders nicht

Die große Menschenmenge zieht mit dem Heiland daher. Der sagt vielleicht gerade etwas,

was alle interessiert. Und die ersten gehen ganz leise und strecken den Kopf nach hinten, damit sie auch noch etwas hören.

Da schreit auf einmal dieser Bettler dazwischen. Ich kann begreifen, dass die Leute wild wurden: »Du unverschämter Mensch! Willst du wohl still sein!«

Ihre Augen sehen nur einen »unverschämten Bettler«. Die Augen des Herrn Jesus aber schauten etwas ganz anderes. Sie sahen ein Herz, das durch tausend Verzweiflungen gegangen war. Sie sahen ein Leben, das an der Landstraße verkam. – Das also ist menschlich, dass man nur seine eigenen Anliegen, Nöte, Interessen und Begehren sieht. Göttlich aber ist es, das Elend des andern zu erkennen.

Ich habe einmal von einer Bühne aus reden müssen. Der Zuschauerraum war dunkel. Ich sah nur ganz undeutlich aufgereckte Gesichter. Mich selbst aber fand ich im hellsten Licht stehen. Genauso leben wir. Uns selbst sehen wir – und nehmen uns wichtig. Aber den andern erkennen wir nicht. Darum sind alle Mühseligen todeinsam. Der Blinde wusste: »Jesu Herz steht offen. Er sucht nicht sich selbst, sondern mich!« Darum rief er Ihn an. So sollten wir es in unsern Einsamkeiten machen!

Wenn aber Jesus in uns mächtig wird und in uns Gestalt gewinnt, dann werden wir Ihm ähnlicher. Dann bekommen wir offene Augen für die andern. O, dass wir sie bekämen, die offenen Augen für die Einsamkeit und Not derer, die neben uns sind.

## 2. Man versteht die Regungen des Heiligen Geistes nicht

Die Ausleger haben sich den Kopf darüber zerbrochen, warum diese christlichen Leute den armen Blinden bedrohten. Und da gibt es nun eine sehr einleuchtende Auslegung:
In Joh. 9,22 lesen wir: »Die Obersten der Juden hatten sich vereinigt, so jemand Jesus für den Christus bekennte, dass er in den Bann getan würde.«
Es war also sehr gefährlich, öffentlich auszusprechen: »Ich glaube, dass dieser Jesus der Christus, d. h. der Messias und Heiland, ist.«
Vielleicht haben darum die Leute gesagt, es sei Jesus »von Nazareth«, der vorüberginge. Denn jeder in Israel wusste ja: »Der Messias kommt aus Bethlehem. So ist es verheißen im Alten Testament.«
Da waren diese christlichen Leute also sehr ängstlich. Sie wollten zwar Jesu Wunder sehen und Seine Tröstungen erfahren. Aber sie

wollten beileibe nichts dabei riskieren. Und was tat nun der blinde Bettler? Der schrie laut los und redete dabei den Herrn Jesus als den verheißenen Heiland und Messias an. Da erschraken die Leute und sagten: »Sei doch still! Du bringst uns ja alle ins Unglück!«

Kennen wir nicht auch alle diese Vorsicht und Ängstlichkeit, wenn es sich darum handelt, Jesus zu bekennen als alleinigen Heiland? Wir alle gleichen in erschreckender Weise diesen Leuten.

Warum war denn nun der Blinde so anders? Warum bekannte er offen: »Ich glaube und sage es auch, dass dieser Jesus der erwartete Erlöser und Erretter ist«?

In ihm hatte der Heilige Geist Sein gnadenreiches Werk begonnen. Was wir in dem Blinden sehen, ist Geisteswerk: dass er Jesus als den Christus erkennt und an Ihn glaubt. Dass er Ihn anruft im Glauben und so gewaltig beten kann.

Es ist etwas unbeschreiblich Herrliches und Mächtiges um solch ein Geisteswirken im Herzen!

Aber davon verstanden diese christlichen Leute um den Herrn Jesus gar nichts. Es ist ihnen auch heute noch fremd. Da interessiert man sich für das Christentum, aber man glaubt nicht von Herzen. Man läuft ein wenig mit, aber man kommt nicht zur Erkenntnis seines Elends. Man weiß von Jesus, aber es treibt einen nicht zum Schreien und Anrufen. – Und man meint sogar, man könne das Wirken des Geistes bei andern dämpfen – wie diese Leute.

### 3. Man kennt den Heiland nicht richtig

Diese Menschen hatten eine Menge Fragen: soziale Probleme, politische Probleme, religiöse Probleme. Und nun hoffen sie, bei Jesus Antwort zu finden.
Da schreit auf einmal dieser elende Kerl dazwischen. Hatte Jesus nicht Größeres zu tun, als sich mit solch einem Häuflein Elend zu befassen?
Gleich nachher hatten sie noch einmal einen ähnlichen Ärger. Da saß der große Sünder Zachäus auf einem Baum und verlangte nach dem Heiland. Ja, war denn dieser Jesus für blinde Bettler und elende Sünder da?
Ja, dreimal ja! Jesus ist da für blinde Bettler, die sehend, und für elende Sünder, die selig werden möchten. »Er ist gekommen, zu suchen und selig zu machen, was verloren ist.« Und wer sich dazu rechnet, der mache sich herbei! Bis zur Ermüdung habe ich die Behauptung ge-

hört, Jesus sei unter die großen Geistesheroen wie Buddha, Mohammed, Goethe und andere zu rechnen. Wenn es so wäre, dann hätte Er nichts zu bringen als ein paar billige Antworten auf unsere Probleme. Wer das denkt, kennt Ihn nicht. Der rheinische Erweckungsprediger Julius Dammann sagte einmal: »Jesus ist nicht gekommen, um spitzfindige Fragen zu beantworten, sondern um Sünder selig zu machen.«

*»Der Blinde aber schrie viel mehr: Du Sohn Davids, erbarme dich mein!«*
Lukas 18,39b

In jedem Frühjahr überrascht es mich aufs neue, mit welcher Kraft die ersten Pflänzlein die harte Erddecke durchstoßen, um ans Licht zu kommen.
Das ist ein schönes Bild für das Erwachen des geistlichen Lebens in einer Seele. Da ist solch ein Herz vielleicht lange Zeit in der Eiseskälte von innerer Gleichgültigkeit, von Unglauben und Sünde, von eitler Selbstgerechtigkeit, – kurz, in geistlichem Tod gefangen gewesen. Dann aber gefällt es dem Heiligen Geist, solch ein Herz zu erwecken. Da fängt es an, mächtig zum Licht zu drängen. Wer ist das Licht der Welt? Der Heiland, der Herr Jesus Christus.

Von solchem Drängen zum Licht redet unser heutiger Text. An dem blinden Bettler, der an der Straße nach Jericho saß, als Jesus vorbeizog, sehen wir

## Die Kraft einer erwachenden Seele

### 1. Sie drängt zu Jesus – trotz des Volkes

Der Prophet Jesaja hat im 53. Kapitel in machtvollen Worten von dem kommenden Heiland gesprochen. Da schildert er die Heilstat von Golgatha – und die errettende Kraft des Blutes Christi. Dieses herrliche Kapitel leitet er ein mit der erschütternd ernsten Frage: »Wem wird der Arm des Herrn offenbar?«

Nun, dem Blinden wurde »der Arm des Herrn« offenbar. Er erkannte im Herrn Jesus den rettenden Arm Gottes. Darum nennt er Ihn »Du Sohn Davids«. Das war in Israel die Bezeichnung für den erwarteten Messias.

Mit diesem glaubensstarken Bekenntnis fuhr der Blinde laut heraus. Aber nun drang das Volk auf ihn ein, er solle schweigen. Der Blinde hätte allen Grund gehabt, dieser Weisung zu folgen. Musste ihn denn nicht solch ein Haufe einschüchtern, der drohend auf ihn eindrang?! Was wollte der hilflose blinde Mann gegen eine Volksmenge ausrichten? Und auch das andere müssen wir bedenken: Der blinde Mann war ein Bettler. Er lebte ja von dieser Volksmenge. Er durfte sie doch nicht verärgern. Sonst war es mit seinen Einnahmen aus. Aber nun geschieht das Merkwürdige, was eigentlich gegen alle Vernunft ist: Der Blinde ließ sich nicht einschüchtern. Obwohl das Volk ihn bedrohte, er solle schweigen, schrie er nur lauter sein Bekenntnis und seine Bitte heraus: »Jesu, du Sohn Davids, erbarme dich mein!«

So ist es mit einer Seele, die ihr Elend erkennt und zum Glauben an den Heiland der Welt erwacht. Sie fragt nicht nach rechts und links. Der Apostel Paulus spricht davon, als er im Galater-Brief seine Bekehrung erzählt: »Als es aber Gott gefiel, seinen Sohn in mir zu offenbaren, alsobald fuhr ich zu und besprach mich nicht darüber mit Fleisch und Blut.«

Oder ich denke an den Mann Gottes im Alten Testament, Mose. Den sandte Gott nach Ägypten, um das Volk Gottes aus der Knechtschaft unter dem König Pharao herauszuholen. Als die Israeliten zuerst davon erfuhren, jauchzten sie. Mose ging zu Pharao und forderte im Namen Gottes: »Lass mein Volk!« Aber Pharao ließ ihn höhnisch hinauswerfen. Und als Antwort bedrückte er Israel nur um so härter. Da

fielen die Israeliten nun auch über Mose her: »Du hast uns nur ins Unglück gestürzt!«
Welch unvorstellbare Einsamkeit machte Mose in jener Zeit durch! Aber während er gegen alles Volk stand, drängte er sich nur näher an den Herrn heran und bekannte nur lauter sein Vertrauen, dass der Herr erretten könne.
Eine erweckte Seele fragt nicht nach der Welt und ihrer Meinung. Sie hat es nur noch mit dem Herrn zu tun.

## 2. Sie drängt zu Jesus – trotz ihrer Niedrigkeit

Für eine Evangelisation wurde an Plakatsäulen geworben durch eine Einladung, auf der der Name »Jesus« stand. Ein Mann las sie. Dann sagte er nur verächtlich: »Pah!« – und ging weiter.
So ist die Welt. Ihr scheint nichts kraftloser und verächtlicher zu sein als Jesus.
Der Blinde dachte anders. Er begrüßte Jesus als Messias. Das hieß ja, dass er in Ihm den herrlichen König Gottes sah. Er konnte – trotz seiner Blindheit – sagen: »Wir sahen seine Herrlichkeit.«
Aber gerade im Licht dieser Herrlichkeit musste er um so tiefer seine eigene Niedrigkeit erkennen. Wer war er denn? Ein blinder Bettler. »Lebensunwertes Leben«, sagte man im »Dritten Reich«.

Und dieser äußeren Niedrigkeit entsprach die inwendige. Wie viel Böses war wohl unterlaufen in dem Leben eines Mannes, der so auf der Schattenseite des Daseins sein Leben fristete!
Musste ihn nun dies alles nicht schüchtern machen? Aber – wir sehen genau das Gegenteil. Trotz seiner äußeren und inneren Unwürdigkeit schreit er nur um so lauter und drängt sich zum Herrn Jesus.
Damit wird dieser arme blinde Mann ein herrliches Vorbild für alle Glaubenden. Eine erweckte Seele weiß wohl um ihre Niedrigkeit vor Gott. Es heißt bei ihr wie bei David: »Meine Sünden gehen über mein Haupt. Wie eine schwere Last sind sie mir zu schwer geworden.« Aber sie lässt sich durch diese Niedrigkeit nicht schüchtern machen. Im Gegenteil: Je tiefer eine Seele ihre eigene Unwürdigkeit erkennt, desto mehr drängt sie sich an den heran, der die Niedrigen aus dem Staub erhebt, der die verlorenen Schafe sammelt, der die Sünder gerecht macht. Eine erweckte Seele drängt sich an Jesus heran – nicht trotz ihrer Niedrigkeit, sondern gerade um ihrer Niedrigkeit willen.

### 3. Sie drängt sich zu Jesus – trotz des Zögerns Jesu

»Du Sohn Davids, erbarme dich mein!« hatte der Blinde geschrien. Jesus aber antwortete

nicht. Hatte Er nicht gehört? O, gewiss! Der das Seufzen der Herzen vernimmt, wird der nicht das Schreien der Armen hören?
Warum antwortet Jesus nicht? Als ich einst im Kindergottesdienst diese Frage stellte, antworteten die Kinder: »Er wollte den Blinden prüfen.« Das ist Unsinn. Der Herzenskündiger weiß, was in den Herzen ist und braucht sie nicht zu prüfen.
Warum zögerte Er mit Seiner Antwort und Seiner Hilfe?
Wir wissen es nicht. Er ist uns nicht Rechenschaft schuldig. Der Mensch ist anmaßend, der den Herrn nach dem »Warum« fragt.
Was tut nun der Blinde? Gab er sein Schreien auf? Warf er sein Vertrauen weg? Seltsamerweise tat er genau das Gegenteil. Er schrie nur um so lauter. Und auch damit wird er ein herrliches Vorbild für den Glaubenden. Der rechte Glaube kann warten, »und ob es währt bis in die Nacht und wieder an den Morgen …«
Jawohl, die erweckte Seele bekommt die Kraft zu warten. Denn sie steht in der felsenfesten Gewissheit: »Wenn der Winter ausgeschneiet, / tritt der schöne Sommer ein. / Also wird auch nach der Pein, / wer's erwarten kann, erfreuet.«

*»Jesus aber stand still ...«*
Lukas 18,40

Da hatte ich einmal lange, lange in dem Vorzimmer eines hohen Beamten gewartet, den ich in einer wichtigen Sache sprechen musste. Endlich erschien er, mit einer Mappe unter dem Arm. Ich trat auf ihn zu – aber er winkte nur ab: »Ich muss zu einer dringenden Besprechung!« Und weg war er ...
In unserer Textgeschichte muss der Sohn Gottes zu einer sehr viel wichtigeren Sache eilen: Er geht nach Jerusalem, um die Welt am Kreuz mit Gott zu versöhnen. Kurz vorher sagt Er zu Seinen Jüngern: »Sehet, wir gehen hinauf nach Jerusalem, und es wird alles vollendet werden, was geschrieben ist von des Menschen Sohn.« Kann Er sich auf diesem wichtigen Wege aufhalten lassen? Und nun gar von einem so unwichtigen Menschen, wie es der blinde Bettler war? Der saß dort an der Straße nach Jericho und schrie unentwegt: »Jesus, du Sohn Davids, erbarme dich mein!« Die Leute verstanden, dass Jesus sich nicht mit solch einem bedeutungslosen Mann aufhalten konnte. Darum bedrohten sie ihn, er solle schweigen.
Aber – o Wunder! – Jesus lässt sich aufhalten!

# »Jesus aber stand still«

Was das bedeutet, sollen uns drei Bibelworte klarmachen.

**1. »Da dieser Elende rief, hörte der Herr.«**

(Ps. 34,7)
Der Herr hört das Schreien der Elenden!
Der Mensch von heute fährt auf: »Das ist ja gar nicht wahr! Sieh dich doch gefälligst um! Hörst du nicht, wie aus dieser Welt ein Höllenkonzert aufsteigt von Stöhnen, Weinen, Jammern und Klagen! Und Er schweigt dazu!« O ja, ich höre das wohl – das Weinen und Stöhnen, das Schimpfen und Lästern, das Jammern und Klagen. »Aber« – so frage ich dagegen – »wo schreit denn ein Elender zum Herrn?« Ihr könnt lange laufen, bis ihr in unsrer Stadt ein Herz findet, das noch wirklich beten kann – das zum Herrn schreit.
Zum Herrn! Zu dem Herrn nämlich, an den uns der lebendige Gott selbst verwiesen hat, als Er sagte: »Ich will ihnen einen Hirten erwecken, der sie weiden soll«, und den Er uns bestätigte mit dem Wort: »Dies ist mein lieber Sohn, den sollt ihr hören.«
Dieser blinde Bettler am Tor von Jericho schrie

zum Herrn Jesus. Und wir sollten recht bei ihm in die Schule gehen und von ihm lernen.

Aber – nun geschah das wirklich Befremdliche: Der Herr tat, als höre Er den Elenden nicht. Es sah wirklich so aus, als wollte Er sich nicht aufhalten lassen. Und der Blinde, der zwischen seinem Rufen auf eine Antwort horchte, hörte nichts als das Gelärm der Menschen, die ihm zuschrien, er solle doch sein nutzloses Rufen einstellen.

Das sind die wahren Anfechtungsstunden für den Glauben, wenn der Unglaube zu triumphieren scheint und es so aussieht, als höre der Herr nicht. Der Blinde aber überwand die Anfechtung. Er schrie weiter – »Jesus aber stand still«!

Nun freut sich der einfältige Glaube. »Da dieser Elende rief, hörte der Herr.« In Jes. 59 lesen wir: »Des Herrn Ohren sind nicht hart geworden, dass er nicht höre.«

Als ich kürzlich telefonieren wollte, war die Leitung besetzt. Wie gut, dass es so etwas bei Jesus nicht gibt! Bei Ihm ist die Leitung nie besetzt. Da darfst du immer anrufen. Und Er hört das Schreien der Elenden.

## 2. »Du bist wert geachtet vor meinen Augen.«

(Jes. 43,4)

Als der Herr auf Jericho zuging, stand Ihm sicher Sein Ziel groß vor Augen: Nun sollte das Reich Gottes anbrechen. Er selbst wollte durch Sein Sterben und Auferstehen der Eckstein des neuen Tempels Gottes werden. Und dann schaute Er wohl im Geist den Pfingsttag, wo in Erfüllung gehen sollte, was Er ersehnte: »Ich bin gekommen, ein Feuer anzuzünden auf Erden. Und was wollte ich lieber, denn es brennte schon.« Er sah vielleicht unsre Zeit voraus, wo auf allen Kontinenten Jesu Fahnen wehen und wo alles zudrängt auf die Vollendung Seines Königreiches.

Welch ein gewaltiges Ziel, dem Er entgegeneilt! Noch einmal müssen wir fragen: Konnte Er sich da von einem Bettler zurufen lassen: »Halte an und hilf mir!«?

Ich erinnere euch an die vergangene Zeit des letzten Krieges. Da sprach man auch von den großen Zielen, denen wir entgegengingen. Und man sang dazu: »Wir marschieren weiter, / wenn alles in Trümmer fällt ...« O, da haben Millionen in Herzensnot gerufen: »Haltet an! Erbarmt euch über uns!«, – wenn die Todesnachrichten kamen und Elend über Elend sich häufte. Aber dann hieß es: »Wir können uns nicht um Einzelschicksale kümmern. Es geht um das große Ziel!«

»Wir können uns nicht um Einzelschicksale

kümmern!« Und nun seht euch den Herrn Jesus an! »Jesus aber stand still.« Auf diesem großen Weg? Ja, um dieser einen Seele willen! Da habt ihr das Evangelium! Der große König sagt meiner Seele, meiner kleinen, armen, geringen, bedeutungslosen, ja sündenbeladenen Seele: »Du bist wert geachtet vor meinen Augen.« Da sollte man anbetend stillstehen!

Ich hörte von einem jungen Mann, der üble und leichtsinnige Wege ging. Eines Tages wurde er von einem väterlichen Freund gestellt. Er erwartete eine Strafrede und wappnete sich mit Trotz. Aber dann bemerkte er: Der Alte konnte kein Wort sagen. Es liefen ihm nur langsam zwei Tränen über die Wangen. Der junge Mann war erschüttert: »So viel bin ich ihm wert? Ich?« Von Stund an wurde er ein andrer.

Hier ist mehr als Tränen! Dem Sohn Gottes bist du so viel wert, dass Er für dich starb. Wahrlich, Er kann sagen: »Du bist wert geachtet vor meinen Augen.«

### 3. »Meine Seele ist stille zu Gott.«

(Ps. 62,2)

Nun muss noch auf etwas sehr Wichtiges hingewiesen werden. Der Blinde hätte diese Erfahrung nicht gemacht, wenn nicht sein Herz

auch stille geworden wäre und sich ganz auf den Heiland und Seine Hilfe gerichtet hätte.
Ich könnte mir vorstellen, dass er sich gesagt hätte: »Jetzt sind gerade so viel Leute um den Weg. Da will ich eifrig betteln und sammeln. Und dazwischen kann ich ja gelegentlich zu Jesus rufen. Hilft Er nicht, habe ich wenigstens tüchtig verdient.«
Aus solcher Unruhe heraus kann man nicht anrufen. Wenn der Herr Jesus für dich stillstehen und dir Sein Heil geben soll, dann muss dein Herz »stille werden zu Ihm«.
Und ich weiß aus Erfahrung: Dies geschieht erst, wenn wir selbst »fertig« sind. Solange wir uns noch selber helfen können, solange wir meinen, wir seien auch ohne Ihn sehend, solange wir selber unsrer Seelen Seligkeit wirken, solange wir »mit Werken umgehen«, kann Er uns nicht helfen. Denn der Herr »ist nahe denen, die zerbrochenen Herzens sind«. Es bleibt nichts andres übrig, »als dass man elend, arm und bloß / sich legt in Jesu Arm und Schoß«.

*»Jesus aber stand still und hieß ihn zu sich führen.«*
Lukas 18,40

Wieder einmal müssen wir uns recht wundern über das Verhalten des Herrn Jesus. Da saß der blinde Bettler an der Straße. Als der Heiland vorüberkam, fing der Elende laut an zu rufen: »Jesus! Messias! Erbarme dich mein!« Noch nie hat ein Unglücklicher vergeblich Jesus angerufen. So entbrennt auch hier dem Sohn Gottes das Herz.

Wenn nun alles natürlich abliefe, dann ginge die Geschichte so weiter: »Mit ein paar großen Schritten eilte Jesus auf den armen Mann zu …« Aber seht – das geschieht seltsamerweise nicht. Wie festgewurzelt bleibt Jesus plötzlich stehen und befiehlt, dass der Blinde zu Ihm komme.

Im Grunde hat es Jesus ja abgesehen auf solche Elenden, wie der Blinde einer war. Und nun bedenkt einmal, welch einen riesigen Weg Er zurückgelegt hat, bis Er ihm begegnete: aus der Ewigkeit beim Vater – über den Schoß Marias – über die Krippe und über manche Straße. Aber die drei letzten Schritte geht Er nun nicht.

## Warum handelt Jesus so wunderlich?

Wir lernen es verstehen, wenn wir nacheinander alle Beteiligten ansehen.

### 1. Um des himmlischen Vaters willen

Ich habe die Gewohnheit, nach Möglichkeit jeden Tag eine Predigt eines von Gott legitimierten Zeugen zu lesen. An dem Tag, als ich diese Predigt vorbereitete, las ich bei G. D. Krummacher: »Bei Jesus war ein so zartes Aufmerken auf den Wink Seines Vaters, dass wir grobsinnigen Menschen uns keine Vorstellung davon machen können. Wie eine leichte Feder in der Luft von jedem Luftzug sich regieren lässt, so Jesu heilige Seele von jedem Hauch des göttlichen Willens.«

»Jesus stand still« – sicher auf einen Wink des himmlischen Vaters. Der hatte bestimmt, wo der Blinde geheilt werden sollte: nicht im Straßengraben zwischen Bäumen und Büschen, sondern auf der hellen, offenen Straße.

Damit wird etwas Wichtiges vorgebildet: Der Herr hat einen Ort bestimmt, wo jede Seele geheilt werden und jedes kranke Gewissen genesen kann. Dieser Ort heißt Golgatha. Wir gehen entweder dorthin, oder wir bleiben krank und gehen ewig zugrunde. Suchen wir aber gehorsam den von Gott bestimmten Platz der Heilung, Golgatha, auf, dann können wir bald mit allen Gläubigen froh bekennen: »Durch seine Wunden sind wir geheilt« (Jes. 53). Von Ewigkeit her hat der Herr den Hügel Golgatha dazu bestimmt. Schon in uralter Zeit hat Er auf den Hügel Golgatha hingewiesen durch ein großes Vorbild, als Er dem Abraham befahl, auf diesem Berg seinen eingeborenen Sohn zu opfern. Diese Geschichte ist wie ein ausgestreckter Finger Gottes: »Dort ist der Ort der Erlösung für die Elenden!«

»Jesus stand still.« Ich sehe im Geist das Bild, wie der Bettler mit Verlangen Seinem Standort entgegeneilte. Dass wir doch mit solchem Verlangen an den Heilsort Golgatha eilten! Wir sind ja so arm! Dort werden wir Kinder Gottes. – Wir sind ja so unruhig! Dort bei Jesu Kreuz ist Friede mit Gott. – Wir sind ja so lebenshungrig! Dort fließen die Wasser des ewigen Lebens! – Wir sind ja so verloren! Dort ist Rettung vor dem Gericht Gottes. – Wir sind ja so unrein! Hier fließt das Blut, das rein macht von aller Sünde. »Jesus stand still« – auf Golgatha. Dorthin müssen wir eilen.

## 2. Um des Blinden willen

Dieser Bettler hat sicher tagaus, tagein dort an der Straße gesessen. Ein jämmerlicher Platz! Ein Platz der Erniedrigung! Da musste er geizige Bauern, hartherzige Kaufleute und betrunkene Eseltreiber anbetteln. O ja! Dieser Platz hat seine Erniedrigung und seine elende Abhängigkeit von den Menschen gesehen.

Ein Mensch! Ein Ebenbild Gottes im Staub! Muss nicht Gott das Herz brechen, wenn Er

Seine Menschenkinder so sieht? Ach, es brach Ihm ja – auf Golgatha. Auch – über uns!
Denn – erkennen wir uns nicht irgendwie im Bild dieses blinden Mannes? Ist unser Leben so, wie Gott es haben will? Sind nicht auch wir erniedrigt in den armseligen Sorgen der Nahrung und des Lebens? Führen wir nicht ein Leben der Niedrigkeit in trüben, dunklen Dingen, in Lüsten und Sünden? Sind nicht auch wir in seltsamer Abhängigkeit von Menschen – wie der blinde Bettler?
Tag für Tag saß er am Ort seiner Schmach. Und kein Mensch konnte ihn von dort erretten.
»Jesus aber ließ ihn zu sich kommen.« Was heißt denn das? Das bedeutet: Nun ruft der, der die Welt ins Leben rief. Nun ruft der, dessen Stimme einst die Toten aus den Gräbern holen wird. Wenn diese mächtige Stimme Jesu ruft, dann darf und kann man von dem jämmerlichen Platz seiner alten Erniedrigung, Sünden und Abhängigkeiten aufstehen.
Haben wir noch gar nicht gemerkt, dass Er uns schon lange gerufen hat? Lasst uns doch aus unserm alten verlorenen Leben aufstehen und Jesus entgegeneilen, der Großes für uns bereitet hat!
Als der Blinde dort an der Straße nach Jericho aufstand, war das ein entscheidender Augen-

blick seines Lebens. An diesen elenden Platz am Straßenrand ist er nachher nie mehr zurückgekehrt. Wenn er später daran vorüberging, dann wurde gewiss sein Herz froh: »Es war einmal. Aber – Er hat alles neu gemacht!«

Sieh, darum blieb Jesus stehen, weil es nun an dem Bettler war aufzustehen. Das ist wichtig für uns. Wenn der Ruf des Heilandes an unser Gewissen kommt, dann sind wir gefragt: Will ich glauben, dass ich jetzt aus dem Staube aufstehen muss, dass ich das alte Leben jetzt verlassen kann und darf? Habe ich begriffen, dass es jetzt gilt?

»Wer glaubt unsrer Predigt?«, klagt Jesaja. Wird nun einer nach dem Lesen dieser Worte aufstehen und zu Jesus gehen?

### 3. Um der Helfer willen

»Und Jesus hieß ihn zu sich führen.« Ich sehe im Geist, wie jetzt ein paar Menschen eilen, diesen schönen Dienst auszuführen. Ja, ich bin sicher: Auch dies hat den Herrn Jesus bewogen, die drei letzten Schritte zu dem Blinden nicht zu tun.

Er wollte den Leuten Gelegenheit geben, den schönsten Dienst zu tun, den es gibt. Oder was sollte wohl schöner sein als dies: einen Elenden zum Heiland führen?!

Wir Menschen tun einander so furchtbar viel

Übles. Die Römer sagten: »Homo homini lupus est = einer ist dem andern ein reißender Wolf.« Einer aber darf dem andern ein Helfer zu Jesus sein. Ich fürchte, wir lassen uns nur allzu viele Gelegenheiten entgehen, diesen herrlichsten aller Dienste zu tun. Um uns her sind so viele, deren Herz nach dem Heiland sich sehnt. Richtet sie auf und führt sie Ihm zu!
Es sage doch keiner: »Dazu müsste ich selbst erst innerlich weiter sein.« Was waren das denn für Leute, die in unserm Text den Mann zu Jesus führten? Vielleicht waren es solche, die eben noch behauptet hatten, dieser Jesus sei aus Nazareth. Jedenfalls waren es keine wiedergeborenen Christen. Und trotzdem konnten sie den Blinden zum Heiland führen. Sicher taten sie das mit Eifer. – Dass doch solcher Eifer über uns und alle Christenheit käme!
»Gehet auf die Straßen und nötigt sie hereinzukommen ...«, sagt Jesus in einer Gleichnis-Rede.

*»Da sie ihn aber nahe zu ihm brachten, fragte er ihn und sprach: Was willst du, dass ich dir tun soll?«*
Lukas 18,40b-41a

Vor vielen Jahren stand ich beim Niagarafall auf der Brücke, welche die USA mit Kanada verbindet. Überwältigend war von hier aus der

Blick auf die Wasserfälle: Die Wasser donnern, toben, zischen und schäumen. Fast betäubt wandte ich mich um. Und nun sah ich ein ganz anderes Bild, das durch den Gegensatz unerhört eindringlich war: Dieselben Wasser flossen hier beruhigt, klar und lauter flussabwärts.

Da fiel mir ein Verslein ein, das ich kurz vorher in einem amerikanischen Gesangbuch gelesen hatte: »Meiner Seele wildes Schäumen / reinige und läutre du; / meiner Seele hoffend Träumen / führe der Erfüllung zu!«

Dies scheint mir ein sehr wichtiges Gebet zu sein. Und es ist offenbar ein Gebet, das der Herr Jesus gern erhört. Denn gerade in unserm Text sehen wir den Herrn als den Seelsorger, der »einer Seele wildes Schäumen« reinigt und zur Klarheit bringt. Er tut dies durch die Frage: »Was willst du, dass ich dir tun soll?«

Diese Frage stellt Er auch an jeden von uns. Und wenn wir uns diese Frage stellen lassen, bringt sie unsere Seele zu großer Klarheit.

## Jesus führt die Seele zur Klarheit

### 1. Er klärt unser Gebet

Der Herr ist mit Seinen Jüngern auf dem Weg nach Jerusalem. Sein Ziel ist klar: das Kreuz von Golgatha. Hier soll die Jesaja-Verheißung erfüllt werden: »Die Strafe liegt auf ihm, auf dass wir Frieden hätten.«

Auf diesem wichtigen Weg nun wird der Herr aufgehalten durch einen Bettler.

Der Mann war sehr elend: Arm! Abhängig von harten Menschen! Verachtet! Blind! Verstrickt in manche dunkle Schuld! All dies Elend erfüllt seine Seele. Er wusste, was das ist: »Meiner Seele wildes Schäumen ...« Wir hören das dumpfe Brausen, Seufzen und Toben seiner Seele in dem Schrei: »Jesus, erbarme dich mein!«

Wir kennen es alle ja auch, was Paul Gerhardt in einem Lied so sagt: »Wenn unser Herze seufzt und schreit ...« Wohl uns, wenn unsre Seele nicht nur »seufzt und schreit«, sondern wenn sie zum Heiland hin-seufzt und hin-schreit!

So war es bei dem blinden Manne. Nun ließ ihn Jesus zu sich führen. Und dann legte Er ihm die Frage vor: »Was erwartest du von mir?«

Wir haben hier ein Stück wundervoller Gebetserziehung vor uns. Es ist also nicht getan mit einem dumpfen Seufzen, so in allgemeiner Richtung zum Himmel hin. Beten heißt vielmehr: vor dem Angesicht des Herrn klar seine Wünsche nennen.

Seht euch doch daraufhin einmal die Beter der Bibel an: Da steht der Zöllner im Tempel, zerrissen von Gewissens-Unruhe. Was betet er? »Gott, sei mir Sünder gnädig!« Das ist klar gesprochen.

Da hängt der Schächer am Kreuz. Vor ihm tut die Verdammnis ihre Pforten auf. In seine Nacht aber fällt ein Lichtstrahl des Glaubens: Jesus errettet! Und nun bittet er: »Gedenke an mich in deinem Reich!« Das ist so klar gesprochen wie: »Mache mich selig, o Jesu!«

Da ist der König David. Er fühlt die Macht der Sünde und Leidenschaft in seinem Herzen und fleht: »Schaffe in mir, Gott, ein reines Herz!« Das ist klar gesprochen! – Dass wir so beten könnten!

## 2. Er klärt unsre Begierden

Es gibt ein deutsches Märchen von einem Mann, der einen Wunschring bekam. Nur einmal konnte er den Ring drehen und wünschen. Aber sein Leben lang wurde er sich nicht klar darüber, was er sich wünschen sollte. Derweilen vertauschte ihm einer den Ring. Und der begehrte sich eine Stube voller Taler. Da prasselten die so hageldicht, dass er darunter begraben wurde.

Das ist sehr tiefsinnig. Dies Märchen sagt: Unser Begehren ist meist sehr verworren und unklar.

Nun steht Jesus vor dem Blinden: »Was willst du, dass ich dir tun soll?« Das heißt: Jetzt bringe dein dumpfes Begehren an das Licht! Jetzt sage dem Herrn der Herrlichkeit ins Angesicht, was deines Herzens heißes Wünschen ist!

»Was willst du, dass ich dir tun soll?« fragt der Herr auch uns. Heraus mit dem, was tief im Herzen uns so mächtig umtreibt! Meint ihr nicht, dass wir uns da auf einmal schämen müssen? Denn die meisten unsrer Begehren mögen wir dem Herrn gar nicht in Sein Angesicht sagen.

Mit dieser Frage werden unsre Begehren einer heiligen Kritik und Scheidung unterworfen. Viele taugen nicht vor dem Licht Seiner Augen. Und das heißt ja dann für Christenleute, dass sie solche Wünsche und Begehren kreuzigen.

Ich will gar nicht reden von den dunklen Begehren, bei denen es von vornherein klar ist, dass wir uns ihrer schämen müssen im Licht Jesu. Ich will einige biblische Beispiele nennen, wie Jesus unsre zweifelhaften Wünsche klärt:

Eine Mutter kommt zu Jesus. Ihre Söhne sind im Jüngerkreis. »Was willst du, dass ich dir tun soll?« Antwort: »Lass meine Söhne in Deinem Reiche einen Ehrenplatz haben!« Es ist viel Edles in diesem Wunsch. Aber – er taugt nicht. Jesus erwidert: Ihr sollt nicht Macht und Ehre begehren, sondern dass ihr mir ähnlich werdet durch Leiden.

Es erscheint ein junger Mann. »Was willst du, dass ich dir tun soll?« Antwort: »Mein Bruder will das Erbe nicht richtig mit mir teilen. Rede ihm doch ins Gewissen!« – Vor Jesu Augen wird dies Begehren verworfen: »Wer hat mich zum Erbschlichter gesetzt?«

Da ist der Apostel Paulus. Ihn quält ein Leiden. Er bittet: »Herr, nimm es weg!« Der Wunsch aber wird vom Herrn verworfen. Unsres Herrn Wille geht meist in der Linie, dass wir »Ja« sagen zu unsern Lasten, nicht, dass sie weggenommen werden.

Lasst uns unsre Begehrungen vor Jesus bringen! Vor Ihm wird klar, was gekreuzigt werden muss und was Ihm gefällt.

### 3. Er klärt unsern Glauben

Der Blinde in unserer Geschichte war ein armer Mann. Kein Mensch konnte ihm helfen. Nun haben wir schon gesehen, dass er zu Jesus ein großes Vertrauen hatte. »Erbarme dich mein!« rief er. Das hieß ja: Du kannst mir irgendwie helfen.

Aber dies »irgendwie« war zuwenig. Jesus fragte: »Was erwartest du von mir?« Darauf hät-

te der Blinde antworten können: »Gib mir so viel Geld, dass ich mir einen Blindenhund kaufen kann.« Nun, diese Bitte konnte ein reicher Mann auch erfüllen. Das wäre kein Glaube gewesen.
Seht, es musste geklärt werden, ob der Bettler den Herrn Jesus wirklich für den Sohn Gottes hielt und Ihm zutraute, dass Er das Unmögliche möglich mache. Indem Jesus fragte: »Was willst du …?«, fragte Er zugleich: »Was traust du mir zu?« So forderte Er die Antwort heraus: »Dass ich sehen möge!« Damit bekannte der Mann offen: Ich glaube an Dich. Ich glaube, dass Du das Unmögliche kannst, dass Du der Herr bist. »Was willst du, dass ich dir tun soll?« fragt der Herr Jesus jeden von uns. Damit zwingt Er uns zur Klarheit, ob wir Ihm zutrauen, dass Er wirklich der große Helfer, Erretter und Heiland ist.

*»Der Blinde sprach: Herr, dass ich sehen möge!«*
Lukas 18,41b

Die Welt wird durch Gesetze und Verfügungen regiert. Und man muss Gott recht bitten, dass Er den Regierenden Weisheit schenke. Denn törichte Gesetze sind schlimm.
In alter Zeit hat der große König Darius einmal bewiesen, zu welchen Torheiten Gesetzgeber

sich versteigen können. Er erließ ein strenges Gebot, dass 30 Tage lang niemand etwas bitten dürfe von Gott oder von Menschen außer allein vom König. Wer das Gebot überträte, der sollte zu den Löwen in den Graben geworfen werden. Nun war damals einer der Höchsten im Lande der fromme Prophet Daniel. Als der von diesem Gebot vernahm, ging er in sein Haus, in dem er allezeit ein offenes Fenster gegen Jerusalem hin hatte. Dort fiel er auf seine Knie, betete, lobte und dankte seinem Gott. So pflegte er nämlich dreimal am Tag zu tun.
Er wurde ertappt und den Löwen vorgeworfen. Wie er dort vom Herrn errettet wurde, mögt ihr selbst in der Bibel nachlesen. Uns interessiert heute, wie wichtig es diesem Mann war, das Angesicht des Herrn zu suchen. Das war ihm wichtiger als die Gnade des Königs. Das Angesicht des Herrn suchen! Das ist etwas Großes. Davon spricht auch unser Text.

## Ein Mann vor dem Herrn

### 1. Wir beobachten, dass er bittet

Wir wollen uns noch einmal die Geschichte vergegenwärtigen: Als der Herr Jesus in die Nähe der Stadt Jericho kam, saß ein blinder

Bettler am Weg. Als der von Jesus hörte, rief er Ihn um Hilfe an. Jesus ließ ihn zu sich kommen und fragte ihn, was er wolle.

Da hebt der arme Mensch seine erloschenen Augen auf und sagt nur ein Sätzlein: »Herr, dass ich sehen möge!« Dass wir doch dies Bild recht deutlich vor uns sähen: der Heiland, der voll Erbarmen auf das elende Menschenkind schaut. Und vor Ihm der Bettler, der dem Herrn voll Vertrauen sein Elend hinlegt.

Es ist sicher an jenem Tag in der weiten Welt viel Wichtiges und Aufregendes passiert. Kriege wurden geführt; Diplomaten verhandelten; irgendwo wurde einer ermordet; etwas Bedeutendes wurde erfunden usw. – Das alles ist längst vergessen und versunken im Strom der flüchtigen Zeit. Aber der elende Mann vor Jesus – das steht vor uns, als wäre es gestern geschehen.

Ich fuhr einmal durch das obere Donautal. Dort hat im Lauf der Jahrtausende der Fluss die Erde weggerissen und ein Tal geschaffen. Nur die harten, steilen Felsen sind stehen geblieben. So hat der Fluss der Zeit alle so genannten wichtigen Ereignisse jenes Tages weggespült. Aber – dass ein Elender vor Jesus stand, das ist ein Ereignis wie ein Fels. Das steht gleichsam noch da. Und damit wird uns deutlich, dass dies allein für die Ewigkeit von Bedeutung ist.

Wie armselig, wie belanglos wird also ein Leben sein, in dem man nicht vor dem Angesicht des Herrn steht. Und wie wichtig wird sogar so ein armes Bettlerleben, wenn es vor Ihn tritt und Ihn sucht!

## 2. Wir hören, was er bittet

»Herr, dass ich sehen möge!« bittet der Blinde. Nun denkt gewiss mancher: »Diese Bitte brauche ich nicht auszusprechen. Denn ich habe gute Augen.«

Dies ist gar nicht so sicher. Das Sehen spielt ja in der Bibel eine große Rolle. Ich will nur ein paar Stellen nennen: »Sehet auf mich, aller Welt Enden, so werdet ihr errettet!« ruft der Herr. Und der Apostel mahnt: »Lasst uns aufsehen auf Jesus!« Der fromme König Josaphat betet: »Unsre Augen sehen nach dir.« Und David bekennt: »Welche auf ihn sehen, die werden erquickt.« Johannes rühmt: »Wir sahen seine Herrlichkeit.« Und Paulus sagt von den Ungläubigen: »Sie sehen nicht das helle Licht des Evangeliums.«

Nun werdet ihr schon gemerkt haben, dass es sich bei all diesem Sehen um Dinge handelt, bei denen man mit den natürlichen Augen nichts vermag. Ja, Paulus sagt sogar das paradoxe Wort: »Wir sehen nicht auf das Sichtbare, sondern auf das Unsichtbare.« Aber – wer kann das sagen?!

Und nun denke ich daran, dass Gott ein vernichtendes Urteil gefällt hat über unser Herz: es sei böse und ganz verdorben. Ich finde aber kaum einen Menschen, der dies Urteil für sich anerkennt. Also können wir auch unser eigenes Herz nicht sehen.

Kurz: es ist offenbar, dass wir von Natur sehr blind sind. Und darum sollten wir uns das Gebet des Bettlers vor den Toren Jerichos zu Eigen machen: »Herr, dass ich sehen möge!«

Es hängt unserer Seelen Seligkeit daran, dass wir unser verlorenes Herz sehen in seinem Elend. Und dass wir gläubig auf den Heiland schauen, der uns Verlorene mit Gott versöhnt hat durch Seinen Tod; dass wir geöffnete Augen haben für den Herrn Jesus am Kreuz, mit dem wir dem alten Leben sterben und mit dem wir in einem neuen Leben des Geistes leben dürfen.

Einst bat mich ein blinder Mann, ich möge ihm den 34. Psalm vorlesen. Als ich an die Stelle kam: »Welche auf ihn sehen, die werden erquickt ...«, erschrak ich und sagte mir: »Der arme Mann kann ja nicht sehen!« Aber dann bedachte ich gleich: Um in Jesus am Kreuz seinen Heiland zu erkennen, muss man sich die inwendigen Augen öffnen lassen. Ich kenne viele, die gute Augen haben und doch ihren Heiland nicht sehen können. Also sind sie blind. Dieser blinde Mann aber – das wusste ich von ihm – kann auf Ihn sehen und ist darum in Wahrheit sehend.

Wer das begreift, lerne mit dem Blinden vor Jericho bitten: »Herr, dass ich sehen möge!«; der betet: »Herr, gib Augen, / die was taugen, / rühre meine Augen an; / denn das ist die größte Plage, / wenn am Tage / man das Licht nicht sehen kann.«

### 3. Wir achten darauf, wie er bittet

Wenn ihr einmal alle Evangelien miteinander vergleicht, dann werdet ihr die Entdeckung machen, dass uns drei verschiedene Blindenheilungen am Tor von Jericho erzählt werden. Matthäus berichtet von zwei Blinden, die hinter Jericho auf Jesus warteten. Und Markus erzählt von dem blinden Bartimäus, der am Ausgangstor saß. Hier in unserem Text berichtet Lukas von dem Blinden, der vor Jericho bettelte. Da haben nun manche Gelehrte gemeint, es handle sich immer um dieselbe Geschichte. Und die Jünger hätten nur nicht mehr genau gewusst, wie die Sache verlief. Das glaube ich nicht. Nein! Es gab viele Blinde dort. Die Reisenden berichten uns ja, dass die Augenkrankheiten noch heute eine besondere Plage des Orients bedeuten. Es wimmelt also von Blinden. Trotzdem sagt der Blinde nicht: »Herr, wir wollen gern sehend werden!« Nein! Er bittet jetzt ganz allein für sich: »... dass ich sehend werde.«

War das falsch? O nein! Es gibt in dem Leben eines Menschen einen Augenblick, wo es ihn gewissermaßen gar nichts angeht, dass die Welt eine verlorene Welt ist, wo es nur einzig und allein darum geht, dass er von Jesus, dem Sohn Gottes, geheilt und errettet wird. Später wird er dann als rechter Christ die Not der ganzen Welt aufs Herz nehmen.

In der Gemeinde Jesu geht es vom »Ich« zum »Wir«. Das ist wichtig. Es ist heute üblich, dies als »religiösen Individualismus« zu verdächtigen. Die christliche Kirche wird aber nicht anders gebaut, als dass der Herr jedem einzelnen seine besondere Geschichte schenkt, an deren Ende er bekennen kann: »Ich war blind. Aber nun bin ich sehend geworden.«

*»Und Jesus sprach zu ihm: Sei sehend!«*
Lukas 18,42a

Wie glücklich wurde in dieser Stunde ein armer Mann! Jahrelang hatte er als blinder Bettler vor dem Tor Jerichos gesessen. Aber dann kam an diesem entscheidungsvollen Tag der Herr Jesus vorüber. Der Heiland und das Elend standen sich gegenüber. Und da sagte der Sohn Gottes die wenigen inhaltsreichen Worte: »Sei sehend!«

»Gewiss!« denkt nun mancher. »Das ist eine hübsche Geschichte. Aber nun gibt es doch heute so viele Blinde, die Er nicht sehend macht! Und Kranke, die Er nicht heilt! Und Elende, denen Er nicht hilft! Was soll uns da diese Geschichte?«

Auf einer großen christlichen Konferenz erzählte ein Redner eine Reihe Beispiele aus seinem Leben, wie Jesus Wunder getan und ihm große und kleine Bitten erhört habe.

Darauf stand der bekannte D. Humburg auf und sagte: »Jetzt will ich noch etwas sagen für die, denen Gott ihre Bitten nicht erhört, und die Er in Dunkelheit sitzen lässt.«

Das gibt es auch! Solche Leute stehen vielleicht ratlos vor unserer Textgeschichte. Und so kommt alles darauf an, dass wir sie recht verstehen. Was bedeutet diese Blindenheilung? Wir antworten:

# Jesus tut ein Zeichen

## 1. Was ist ein »Zeichen«?

Das Wort »Zeichen« spielt in der Bibel eine große Rolle. Daniel sagt von Gott: »Seine Zeichen sind groß.« Und David erklärt sogar, dass »die Völker sich entsetzen vor seinen Zeichen«. Johannes wirft den Israeliten vor: »Obwohl Jesus Zeichen tat, glaubten sie doch nicht.«
Was versteht die Bibel unter »Zeichen«?
In alter Zeit hat der Prophet Jesaja verkündigt, dass Gott in großer Barmherzigkeit der Welt einen Heiland senden werde. Und er hat Zeichen genannt, an denen man den Heiland erkennen könne, z. B. Jes. 35: »Alsdann werden der Blinden Augen aufgetan werden, und die Lahmen werden springen wie ein Hirsch, und der Stummen Zunge wird Lob sagen ...«
Und dann trat eines Tages Jesus hervor. Da geschah es, dass der gefangene Johannes der Täufer Boten zu Ihm sandte. Die fragten: »Bist du, der da kommen soll, oder sollen wir eines andern warten?« Was antwortete Jesus? Er wies nur hin auf die messianischen Zeichen: »Geht und sagt Johannes, was ihr seht: Die Blinden sehen, die Lahmen gehen... den Armen wird das Evangelium verkündigt.«

Als nun der Herr dem Blinden vor den Toren Jerichos sagte: »Sei sehend!«, da horchten alle sehenden Herzen auf. Sie erkannten das »Zeichen«. Sie begriffen: Nun ist die Zeit des Heils angebrochen.

Darum ist mir gerade heute diese Geschichte so wichtig. Sie ruft laut: Die Zeit des Heils ist da! Auch heute noch. Mag die Welt noch so elend und verwirrt und chaotisch sein: Es ist Heilszeit! Unter uns steht immer noch der Heiland und ruft:

»Kommet her zu mir alle, die ihr mühselig und beladen seid. Ich will euch erquicken!« Jesus hat einmal in Nazareth verkündigt: »Jetzt ist die angenehme Zeit. Jetzt ist der Tag des Heils.« Das ruft Er uns auch heute noch zu durch diese Geschichte von dem Zeichen, das Er an dem Blinden tat. Die Leute von Nazareth glaubten Ihm nicht. Werden wir es tun?

Aber nun wollen wir noch genauer fragen:

## 2. Was sagt dieses Zeichen?

Als der blinde Mann noch nicht geheilt war, als er bettelnd am Straßenrand saß, da war er auch ein Zeichen, nämlich dafür, dass wir in einer gefallenen Welt leben; in einer Welt, die nicht in Ordnung ist; in einer Welt, die anders ist, als Gott sie schuf und wollte. Du bist nicht blind? Du bist kein Bettler? Aber bist du glücklich? Ach nein! Ich vergesse nicht, wie mir einmal ein Bergmann ganz schwermütig sagte: »Es trägt jeder seinen Packen mit sich herum.« Ja, er hatte Recht. So sind wir alle ein Zeichen dafür, dass die Welt eine gefallene Welt ist, ein »Jammertal«, wie die Bibel sagt.

Die Bibel ist auch das einzige Buch, welches uns Auskunft gibt darüber, woher das kommt. Sie erzählt uns die Geschichte vom Sündenfall. Da hören wir: Die Sünde hat uns von Gott getrennt. Sie hat uns geschieden von der Quelle des Lebens. Und damit kamen Leid, Tränen und Krankheit, Elend und Tod in die Welt. Der Jammer der Welt zeugt für die Wahrheit der Bibel, für den Ernst des Zornes Gottes und für die Wirklichkeit unserer Verlorenheit und Sünde.

In die Gesamtheit dieser biblischen Weltanschauung müssen wir unsere Textgeschichte stellen. Jesus tut einem Blinden die Augen auf. Das ist ein Zeichen.

Es bezeugt uns: Gott hat den Wiederhersteller gesandt: Jesus! Unsre Väter sagten: »Was Adam verdorben, hat Christus erworben.« Nur ein Zeichen ist diese Heilung, dass der Wiederhersteller vorhanden ist. Denn die Welt wäre ja nicht geheilt, auch wenn alle Blinden sehend würden. Und wenn alle Armut abgeschafft, alle Krankheit beseitigt, ja wenn der Tod nicht mehr wäre – die Welt wäre noch nicht geheilt. Der Schaden ist tiefer. Er liegt darin, dass wir nicht mehr Kinder Gottes sind.

Und so ist die Blindenheilung ein Zeichen dafür: Jesus will den Schaden im Grunde heilen: Er will uns Sünder mit Gott versöhnen. Er will aus Sündern Kinder Gottes machen. Darum ist Er für uns gestorben am Kreuz von Golgatha. Nun kommt alles darauf an, dass unser Leben im Grund geheilt wird. Wer durch Jesu Blut Vergebung der Sünden hat und damit Frieden mit Gott – der ist geheilt. Hört das doch nicht nur an, sondern lasst euch heilen!

## 3. Unser ganz großes Zeichen

Jesus tat dem Blinden die Augen auf. Wir sahen: Es war ein »Zeichen«, dass Gott eingreift. »Aber«, sagt du, »das war doch nur eine sehr unscheinbare und kleine Sache. Kann man darauf so viel bauen? Hat nicht David gesagt: ›Vor seinen Zeichen entsetzen sich die Völker‹? Nein, so groß ist doch diese Heilung bei Jericho nicht.«

So dachten die Menschen zu Jesu Erdenzeiten auch. Und da kamen sie und forderten andere Zeichen. Jesus aber antwortete ihnen: »Ihr bekommt jetzt keine weiteren Zeichen außer einem ganz großen: meine Auferstehung von

den Toten.« Welch ein gewaltiges Zeichen ist Seine glorreiche Auferstehung! Ja, das ist zum »Entsetzen«. Und so geht für den Kenner der Bibel ganz von selbst der Blick von dieser Blindenheilung hin zu dem leeren Grab im Garten des Josef von Arimathia. Die Heilung des Blinden und dies leere Grab verkündigen gleicherweise: »Der Wiederhersteller ist vorhanden.«
O, dass ich euch mit Flammenschrift die Bedeutung des Herrn Jesus zeigen könnte! Alle, alle sollten aufgerüttelt werden! Ihr, die ihr in falscher Selbstgerechtigkeit lebt: Ohne Jesus seid ihr Feinde des schrecklichen Gottes! – Ihr, die ihr untergeht in den Sorgen der Zeit: Jesus will euch zu Kindern eines reichen Vaters machen! – Ihr, die ihr mit euren Sünden nicht fertig werdet: Jesus macht frei! – Ihr Schuldbeladenen: Hier ist Vergebung und volle Wiederherstellung!
Lasst uns nicht den Leuten gleichen, denen Jesus vorwarf, sie könnten die »Zeichen der Zeit« nicht begreifen. Erkennt doch: »Er ist der Herr / und keiner mehr, / der euch das Heil gewähret.«

*»Dein Glaube hat dir geholfen.«*
Lukas 18,42b

Ganz still war es auf einmal vor dem Tor der

Stadt Jericho, wo man sonst so viel Lärm und Geschrei hörte.

Dabei war der Platz nicht menschenleer. Im Gegenteil! Viele, viele Menschen waren da versammelt und schauten alle gespannt in eine Richtung.

Was war denn los? Da stand Jesus, »der Prophet aus Nazareth«, und vor Ihm ein Mann in elender Bettlerkleidung und mit blinden, erloschenen Augen.

Ganz still war es. Und so konnte jeder hören, was Jesus sagte: »Sei sehend! Dein Glaube hat dir geholfen.«

Solch ein königliches Machtwort kann nur unser Heiland sprechen. Und wer Ihn kennt und liebt, der freut sich an den Worten, bei denen man Seine göttliche Herrlichkeit durch die Hüllen Seiner Niedrigkeit hervorleuchten sieht.

Wir wollen den zweiten Teil des Jesus-Wortes besprechen: »Dein Glaube hat dir geholfen.« Das ist

## Die Melodie der Bibel

### 1. Es ist eine seltsame Melodie

Im alten württembergischen Gesangbuch gab es ein Lied, das anfängt: »Mein Glaub' ist meines Lebens Ruh.« Das singen die Schwaben gern. Aber da war nun ein Pfarrer, der ließ das Lied zum Leidwesen seiner Gemeinde nicht singen. Eine Frau ging zu ihm und fragte ihn nach dem Grund. Der Pfarrer erwiderte: »Es ist theologisch unmöglich. Sehen sie, liebe Frau! Nicht mein Glaube ist meines Lebens Ruh, sondern der Herr und Heiland!«

Hatte der Pfarrer nicht Recht? Gewiss! Aber nun stelle ich mir vor, dieser Theologe begegne dem Bettler von Jericho. Er sagt zu ihm: »Ich höre, Sie waren blind? Wie sind Sie denn sehend geworden?« Fröhlich antwortet der Mann: »Mein Glaube hat mir geholfen!« – »O, lieber Mann!« ruft da der Pfarrer. »Das ist theologisch unmöglich! Nicht Ihr Glaube, sondern der Herr hat Ihnen geholfen.«

»Ja, das ist wahr«, sagt der Blinde, »aber Jesus hat selbst gesagt: ›Dein Glaube hat dir geholfen.‹ Und Jesus weiß von Theologie doch mehr als alle Theologen!«

Versteht ihr, warum ich sage: Das ist eine seltsame Melodie? Da wird ganz deutlich, welche Bedeutung dem Glauben zukommt. Von der Stadt Nazareth heißt es: »Er tat daselbst nicht viel Zeichen um ihres Unglaubens willen.«

Im Sauerland sah ich einmal einen Flusslauf, von dem viele kleine Kanäle abgehen, um das

Land zu bewässern. Diese Kanäle sind durch Schleusen vom Fluss getrennt. Erst wenn der Bauer die Schleuse öffnet, fließt das Wasser auf das Land.
So ist in Jesus völliges Heil für jeden von uns. Und doch bleibt unser Leben verloren, dunkel und elend, wenn wir nicht die Schleuse des Glaubens öffnen. Glaubst du aber an Jesus, dann hast du alles!

## 2. Es ist die Melodie der ganzen Bibel

Ich mache regelmäßig Besuche in einem großen Krankenhaus. Da treffe ich allerlei Geister. Wenn ich dann vom Glauben spreche, ruft es gleich aus allen Betten: »Welcher Glaube? Der katholische? Oder der evangelische, der gottgläubige, der orthodoxe?« Da muss ich lachen. Denn es fällt mir jener Mann ein, der zu meinem lutherischen Amtsbruder in Bielefeld sagte: »Ich habe einen anderen Glauben. Ich habe den meinen aus dem Lippischen bezogen.« Er war nämlich reformiert.
Der Blinde gehörte keiner dieser Konfessionen an. Und doch hatte er den rettenden Glauben. Was für einer war das? Er hatte ein herzliches Vertrauen zu Jesus.
Und von solchem Glauben redet die ganze Bibel.

Zu Adam und Eva im Paradies sagte Gott: »Wenn ihr von diesem Baum esset, werdet ihr sterben.« Die beiden glaubten dem Worte Gottes nicht, aßen – und der Tod kam in die Welt.

Abraham war ein alter Mann, längst hinaus über das Alter, in dem man Kinder zeugt. Der kinderlose Vater klagte Gott sein Leid. Da führte der Herr ihn in die Nacht hinaus, zeigte ihm den Sternenhimmel und sagte: »Siehst du die Sterne? Kannst du sie zählen? Also wird deine Nachkommenschaft sein.« Abraham glaubte dem Herrn, »und« – so heißt es – »das rechnete er ihm zur Gerechtigkeit«.

Mose hatte auf Befehl Gottes Israel aus Ägypten geführt. Nun waren sie in der Wüste, wo es keine Nahrung gab. Israel murrte. Da sprach der Herr zu Mose: »Sage ihnen: Am Abend sollt ihr Fleisch zu essen haben, und am Morgen von Brot satt werden.« Eine unmögliche Sache für die Vernunft! Mose aber glaubte und wurde nicht zuschanden. Der Herr sandte Wachteln und Manna in Fülle.

Vor Jesus kniete ein Aussätziger. Wer etwas vom Aussatz versteht, weiß: ein hoffnungsloser Fall. Das wusste der Kranke auch. Und doch sagte er zu Jesus: »Herr, so du willst, kannst du mich wohl reinigen.« Und sein Glaube wurde belohnt.

So geht diese Melodie durch die ganze Bibel: »Dein Glaube hat dir geholfen.« Ja, im letzten Buch der Bibel klingt es über alle Schrecken der Endzeit: »Hier ist Geduld und Glaube der Heiligen.«

O Freunde, singen wir dieses Lied des Glaubens auch mit? »Sehet zu«, sagt der Apostel, »liebe Brüder, dass nicht jemand unter euch ein arges, ungläubiges Herz habe, das da abtrete von dem lebendigen Gott!« – »O dass du könntest glauben, / du würdest Wunder sehn. / Es würde dir dein Jesus / allzeit zur Seite stehn.«

### 3. Es ist eine herrliche Melodie

Der blinde Bettler wollte sehend werden. Und sein Glaube half ihm dazu. Welch eine Freude für ihn!

Ich möchte noch mehr, viel mehr!

Frieden mit Gott, völlige Vergebung meiner Sünden, Gewissheit meiner ewigen Errettung, Kindschaft bei Gott, Kraft zu einem göttlichen Leben, eine gewisse Hoffnung des ewigen Lebens – das möchte ich!

Vielleicht sind dem einen oder anderen diese Wünsche unverständlich. Nun, lasst mich ein Beispiel gebrauchen: Ich habe mir nie gewünscht, unter der Erde zu sitzen. Aber als ich einen schauerlichen Fliegerangriff über der Erde erlebte, hatte ich nur das eine Begehren, mich in einen Bunker zu verkriechen, so tief wie möglich!

Ähnlich ist's im geistlichen Leben. Erst als ich erfuhr, dass man in die Hölle kommen kann, dass Gottes Zorn eine Wirklichkeit ist, erst dann wurden diese großen Wünsche in mir wach: Frieden mit Gott, Vergebung und all die anderen Gnadengaben Gottes zu haben.

Und nun kommt die Bibel mit der beglückenden Botschaft: Dies alles kann uns mit einem Schlag zuteil werden – durch Glauben, und zwar durch Glauben an Jesus, den Gekreuzigten.

Vor Jahren übernachtete ich in einer Kleinstadt in einem führenden Hotel. Ich musste morgens sehr früh fort. Der Hausdiener hatte sich verschlafen. Nun tastete ich mich durch die stockdunklen Räume und suchte Licht. Da erfühlte ich einen Schalter. Ich drehte – und das ganze Hotel war erleuchtet. Alle Lampen flammten auf.

So ist es, wenn man an Jesus, den Gekreuzigten, glaubt. Da wird alles hell. In Ihm haben wir Friede, Freude, Vergebung, Kraft, ewiges Leben. Da heißt es in Wirklichkeit: »Dein Glaube hat dir geholfen.«

»*Und alsobald ward er sehend und folgte Jesus nach und pries Gott.*«
Lukas 13,43a

Ich machte einmal Besuche in der Infektionsabteilung eines großen Krankenhauses. Da lagen Kinder, junge Leute und Alte. Sie waren alle so elend, dass ich nur ein kurzes Wort von Jesus sagen konnte. Und da erlebte ich es in geradezu überwältigender Weise, wie Jesus die Dunkelheit vertreibt und die Herzen fröhlich macht.

Als ich zum Schluss an das Bett eines jungen Mädchens trat, das mit spinaler Kinderlähmung fast regungslos, wie gefesselt, dalag, da ging es mir wie dem großen Sänger David, der im 34. Psalm sagt: »Meine Seele soll sich rühmen des Herrn, dass es die Elenden hören und sich freuen.«

»Meine Seele soll sich rühmen des Herrn.« Wer den Herrn Jesus kennt, der schließt sich an.

Auch der Bettler gehört nun hinein in die Schar, die Jesus rühmt. Ich sehe ihn im Geist vor mir, wie er mit leuchtendem Angesicht erzählt, was der Herr Jesus an ihm getan hat. Die Melodie seines Lebens hieß nun:

## »Meine Seele soll sich rühmen des Herrn«

### 1. Denn Er tut Wunder

Von einem Jugendkreis wurde ich einmal aufgefordert, einen Vortrag zu halten über das Thema: »Gibt es Wunder?« Ich habe die Frage beantwortet mit der Feststellung: »Es gibt einen Heiland, der Wunder tut.«

Das bezeugen alle Kinder Gottes, große und kleine. Der Bettler, der vor den Toren Jerichos gesessen hatte, sagte es jedem, der es hören wollte. Und er befand sich damit in vorzüglicher Gesellschaft. Denn der König David rühmt im 9. Psalm: »Ich erzähle alle deine Wunder.« Und der gewaltige Prophet Jesaja betet: »Ich lobe deinen Namen, denn du tust Wunder.« Und sogar der heidnische König Nebukadnezar erließ eine Proklamation an »alle Leute, Zungen und Völker auf Erden«, in der er bekannte: »Seine Wunder sind mächtig.«

Ihr seht, der arme Bettler geriet mit seinem Bekenntnis in eine erlauchte Gesellschaft.

Vor kurzem las ich einen sehr interessanten Artikel, den ein Naturwissenschaftler geschrieben hatte. Er führte etwa so aus: Das stärkste Geschütz gegen den Wunderglauben war immer die Lehre vom lückenlosen Kausalitätsgesetz. Nun hat die moderne Atomforschung uns dies Gesetz fragwürdig gemacht. Und damit ist auch wissenschaftlich eigentlich Raum geworden für den Glauben an Wunder. Als ich das las, habe ich gedacht: Heil den Leuten, die nicht erst auf die Erlaubnis der Wissenschaft gewartet haben, um von ihrem Heiland Wunder zu erwarten!

»Er tut Wunder!« Das bezeugen nicht nur der Bettler von Jericho und die Kinder Gottes in alter Zeit, sondern alle, die Jesus angehören. Jesaja hat in einer gottlosen Zeit einmal gesagt, er und alle, die dem Herrn angehörten, seien ein Wunder. Ja, rechte Christen sind sich selbst ein Wunder. Denn sie fühlen in sich tief eine große Sündenverderbnis. Und doch wissen sie sich angenommen, gewaschen und erlöst durch das Blut Jesu Christi. Und sie wissen viel zu sagen von den Wundern Jesu: angefangen von ihrer Errettung bis zu den täglichen wunderbaren Durchhilfen im Alltag. Kinder Gottes sind »getragen auf Adlersflügeln / über das brausende Meer der Zeit …«

Kurz: »Wüssten's doch die Leute, / wie's beim Heiland ist. / Sicher würde heute/ mancher noch ein Christ!«

## 2. Denn Er erhebt die Seele aus dem Staub

Da wird also der blinde Bettler von Jesus gefragt: »Was willst du, dass ich dir tun soll?« Auf seine Bitte hin: »Herr, dass ich sehen möge!« spricht der Herr Jesus in göttlicher Vollmacht: »Sei sehend!« Und alsobald wird er sehend.
Ist es euch klar, wie das Leben dieses Mannes sich mit einem Schlag änderte? Nicht nur darin, dass er sehend wurde. Sondern Jesus errettete ihn aus seinem unwürdigen und elenden Bettlerdasein. Was war das für ein beschämendes Leben gewesen: an der Straße zu sitzen und zu warten, ob irgendein hartherziger Mensch nun doch sich von einem Pfennigstück trenne. Abhängig von Menschen! Selber gleich dem Staub der schmutzigen Straße!
Seht, aus dieser Erniedrigung hat ihn Jesus herausgeholt. Das ist des Heilands eigentliches Geschäft: Menschenseelen, die erniedrigt sind, wieder zu erheben. Das geht uns alle sehr an. Denn der Mensch ohne Gott, der im Irdischen gefesselt ist, der in der Sünde lebt, das ist ja der Mensch, der seine Würde verloren hat.
Jesus hat selbst einmal an einem Gleichnis klargemacht, dass es Sein Wille ist, Menschenleben aus dem Staube zu erheben.
Da erzählt er von einer Frau, die ein Geldstück

verloren hat. Und nun kehrt sie das Haus, um das Geldstück zu finden. Ich sehe im Geist die Münze in einem staubigen Winkel liegen. Das Bild des römischen Kaisers war in die Münze geprägt. Aber nun ist das Bild verschmutzt. Ähnlich steht's mit uns: Gott prägte Sein Bild in uns. Er schuf »den Menschen ihm zum Bilde«. Aber wie ist Gottes Bild in uns beschmutzt und verdeckt!

Doch wie die Frau keine Ruhe hat und das Unterste nach oben kehrt, so heftig sucht der Herr Jesus das Verlorene. So sucht Er uns im Staub und Schmutz dieser Welt.

Kurz: Jesus will aus erniedrigten Menschen Kinder Gottes machen, die Gott in großer Freiheit und Würde dienen. Er erhebt die Seele aus dem Staub. Darum rühmen wir Ihn.

### 3. Denn Er dient den Elenden

Hin und wieder wird auf Konferenzen erfreulich deutlich gegen den Krieg gesprochen. Die Menschen hören diese Worte mit Resignation: »Wenn die Machthaber aber nun doch anfangen?!«

Seht, da ist es ausgesprochen, das Wort, in dem so viel Unheil beschlossen liegt: »Machthaber«. Überall »Machthaber«! In den Ländern. Aber auch in den Häusern. Und in den Familien. Ja, wenn drei kleine Jungen zusammen spielen, kriegen sie Streit, weil jeder zu sagen haben will. Wer nun aber durchschaut, der weiß: Eigentlich gibt es nur einen einzigen »Machthaber«. Das ist der, der Himmel und Erde geschaffen hat.

Und nun kommt das Erstaunliche. Dieser Eine wird Mensch, verzichtet auf alle Macht und alles Herrschen und macht sich selbst zum Knecht der Elenden. So hat Jesus selbst gesagt: »Ich bin nicht gekommen, dass ich mir dienen lasse, sondern dass ich diene ...«

Darum ist das Bild Jesu so wunderbar, so erstaunlich, so anziehend und so erquickend: Hier ist der Eine, der sich nicht durchsetzen, der nicht herrschen will. Hier ist der Eine, der nur dienen will.

So wird Er zum Helfer des elenden, blinden Bettlers. So wird Er zum Heiland der verlorenen Sünder, die keinen Rat mehr wissen.

Jesus dient dem Bettler; darum zieht Er zu Fuß über staubige Straßen. Er dient uns allen; darum hängt Er am Kreuz von Golgatha. O, dass uns die Augen dafür aufgingen, wie gewaltig Er uns hier dient, damit wir selig werden!

*»Und alsobald ward er sehend und folgte Jesus nach und pries Gott.«*
Lukas 18,43a

Hier scheint alles so klar und selbstverständlich zu sein: Ein blinder Bettler hat den Herrn Jesus um Hilfe angerufen. Dieser hat ihn in göttlicher Vollmacht geheilt. Der Geheilte ist glücklich und folgt seinem Helfer nach. Hier ist alles klar und eigentlich nichts dazu zu bemerken. So denkt man zunächst.

Aber nein: Hier ist doch einiges sehr verwunderlich. Es kam einmal ein Mann zu Jesus und bot Ihm an: »Ich will dir nachfolgen.« Darauf hat Jesus ihn sehr ernst gewarnt, ja, Er hat geradezu abgewehrt: »Die Vögel haben Nester; aber ich habe nicht, wo ich mein Haupt hinlege.« Kurz nachher kam ein andrer mit den Worten: »Ich will dir nachfolgen. Ich will nur eben noch zu Hause Abschied nehmen.« Dem erwiderte der Herr Jesus geradeheraus: »Ich will dich nicht. Wer die Hand an den Pflug legt, darf nicht zurücksehen.«

Und nun der geheilte Bettler! Er folgt Jesus nach. Und den weist der Herr nicht zurück. Warum nicht? Ich denke mir: weil er nicht viel Versprechungen machte, sondern wirklich nur dem Heiland folgte. Es geht im rechten Christenstand nicht um Worte, sondern um wirkliche Nachfolge.

Wir wollen überlegen, was das bedeutet:

# »Er folgte Jesus nach«

## 1. Das ist hart für die Natur

Als der Bettler noch blind war, saß er tagaus, tagein an der Straße und bettelte. Da hatte er viel Zeit. Und ich bin fest davon überzeugt, dass er sich oft ausgemalt hat, was er tun wolle, wenn er sehen könne. »Ha, wenn ich jetzt auf einmal sehend würde«, hat er gedacht, »dann wollte ich zuerst all die buntschillernden Bilder der Welt in mich hineintrinken. Und dann wollte ich anfangen zu arbeiten und mir eine geachtete Existenz schaffen.« Kurz – der Mann hatte gewiss klare Bilder und Pläne. Und nun? »Er folgte Jesus nach.« Und was wurde aus dem, was er sich ausgedacht hatte für sein Leben? Das blieb stillschweigend zurück. Das wurde der Nachfolge Jesu zum Opfer gebracht.

Da seht ihr: Nachfolge Jesu ist kein Kinderspiel. Die natürliche Art mit ihrem Wollen muss in den Tod. So sagt Jesus selbst: »Will mir jemand nachfolgen, der verleugne sich selbst.« Was es heißt: »sich selbst verleugnen«, soll uns ein Beispiel klarmachen: Ein hoher Herr sitzt arbeitend an seinem Schreibtisch, als sein Diener ihm einen Besucher meldet. Ärgerlich schaut er von seiner Arbeit auf und gibt die

Anweisung: »Ich bin nicht zu sprechen. Ich bin jetzt für niemanden da.« Das heißt: Er lässt sich verleugnen.

Nachfolge Jesu heißt: sich selbst verleugnen. Das bedeutet: Ich bin jetzt für mich selbst nicht zu sprechen. Wenn mein Fleisch und meine Vernunft Einwände erheben wollen gegen den Weg Jesu, dann bin ich für sie nicht zu sprechen.

Das ist hart für unsre Natur. Aber der Herr Jesus hat sogar ein noch schwereres Wort gesagt: »Wer mir nachfolgen will, der nehme sein Kreuz auf sich.« Es ist also nicht genug damit, dass ich für meine natürliche Art, für meine Lüste, Pläne, Wünsche und für all das andre Ungöttliche nicht zu sprechen bin. Nein! Meine alte Natur, die sich gegen das Verleugnen sträubt, muss gekreuzigt werden. Davon weiß die Bibel viel zu reden: »Welche Christus angehören, die kreuzigen ihr Fleisch samt den Lüsten und Begierden.« Oder: »Haltet euch dafür, dass ihr der Sünde gestorben seid.« Oder: »Unser alter Mensch ist samt Christus gekreuzigt.« – Das ist Nachfolge! Das ist rechter Christenstand! Und das ist hart für die Natur.

## 2. Das ist selig für unsere Seele

Sehen wir uns noch einmal den geheilten Bettler an, der sich selbst in den Tod gab und Je-

sus nachfolgte. Nach dem, was wir jetzt über »Nachfolge« gesagt haben, meint man, dieser Mann müsse nun als finsterer Kopfhänger, mit Entschlossenheitsfalten zwischen Nase und Mund und mit Scheuklappen an beiden Augen hinter Jesus herstapfen.
Aber es ist ganz anders: Er ist höchst vergnügt. Ja, sein Mund singt frohe Loblieder: »Er pries Gott.« Er ist ein glücklicher und fröhlicher Mann. Und so sind alle, die in der Nachfolge Jesu stehen.
Wie kommt es, dass die Nachfolge Jesu fröhliche Leute macht, obwohl sie bedeutet, dass wir uns selbst täglich sterben?
Ein Gleichnis soll es deutlich machen: Wenn ein armer Mann eine elende Kellerwohnung gegen ein sonniges Landhaus hat eintauschen können, dann jammert er nicht lange der verlassenen Wohnung nach, sondern er freut sich an seinem Haus unter Blumen. Und wer seine alte, böse Natur, die uns immer nur ins Unheil führt, eingetauscht hat gegen einen herrlichen Heiland, der hat gut daran getan. Wer Jesus nachfolgt, der gibt nicht nur – negativ – sich selbst in den Tod, sondern der hat – sehr positiv – einen neuen Herrn gefunden: einen Heiland, der den Sünder so liebt, dass Er für ihn in den Tod ging, der für seine Schuld bezahlte

und der darum allein Anrecht auf sein Leben hat; einen Heiland, dem alle Zukunft gehört; einen Heiland, der Frieden gibt, welcher höher ist als alle Vernunft!

Nachfolger Jesu sind auch darum so glückliche Leute, weil ihr Leben nun in die richtige Bahn gekommen ist. Vorher war alles verkehrt. Die Bibel redet auch von dieser verkehrten Nachfolge: dass man »der Menge zum Bösen folgt«, oder dass man »dem Eitlen, Nichtigen folgt«, oder dass man »seinem eigenen Geist folgt«. Solange es so steht, geht alles in unserm Leben verkehrt.

Wenn ich aber Jesus nachfolge, dann bin ich bei dem »guten Hirten«. Da heißt es: »Unter seinem sanften Stab / geh ich aus und ein und hab / unaussprechlich süße Weide, / dass ich keinen Mangel leide. / Und so oft ich durstig bin, / führt er mich zum Brunnquell hin.« Darum ist Nachfolge Jesu ein seliger Stand.

### 3. Das ist notwendig für unser ewiges Heil

Kein Mensch glaubt im Grunde, dass mit dem Tod alles aus sei. Gottes untrügliches Wort bezeugt uns klar, dass man ewig verloren gehen kann.

Wollt ihr selig werden? O, gewiss wollt ihr das! Nun, ich kenne nur einen einzigen sicheren

Weg, ein seliger Bürger zu werden in der neuen Welt Gottes: dass man sich hier schon mit ungeteiltem Herzen anhängt an den, der ganz gewiss dort am Ziel sein wird, an Jesus.

Wir hatten einmal eine große Veranstaltung, bei der ich eine Rede halten musste. Da drängten sich Tausende von Menschen. Nun hatte ich einen Freund bei mir, der gern einen guten Platz haben wollte. Was machte er? Er hängte sich einfach an mich, ließ sich durch nichts und niemand von mir abhängen. Und so kam er auf die Rednertribüne, wo Platz und Luft war.

Und seht, so hat es der geheilte Bettler mit dem Heiland gehalten. Er hat sich sehr entschlossen und ganz einfältig an den König der zukünftigen Welt angehängt. Ja, so muss man es machen. Und wer sein Leben bisher noch in eigener Verwaltung hat, den möchte ich beschwören: »So lasst uns denn dem lieben Herrn / mit Leib und Seel' nachgehen!«

»... *und er pries Gott.*«
Lukas 18,43a

In der ersten Hälfte des 19. Jahrhunderts lebte in Herdecke/Ruhr ein Schuhmacher namens Rahlenbeck. Dieser Mann war ein rechtes Gotteskind. Große Segenswirkungen sind von seinem einfachen Leben ausgegangen. Zu dem kam einst ein Mann und sagte ärgerlich: »Du behauptest immer, ich müsse mich zum Herrn Jesus bekehren. Ich bin doch ein Christ. Ich habe sogar ein Jesusbild an der Wand hängen.«

Rahlenbeck erwiderte: »Ja, ja, an der Wand ist Jesus geduldig und ruhig. Aber was gibt das für Lärm und Spektakel, wenn Er ins Herz kommt!«

Damit hat er sehr Recht. Wo der Herr Jesus hinkommt, da geschehen ganz neue und unerhörte Dinge. Davon weiß auch unser geradezu auffällig kurzer Text zu berichten.

## Seltsame Begebenheiten

### 1. Ein armer Mann ist glücklich

Durch das Stadttor von Jericho schiebt sich eine erregte Menge. Immer neue Leute kommen angelaufen. Und einer berichtet dem anderen: »Ein Wunder ist geschehen. Jesus hat einen blinden Bettler sehend gemacht!« – »Einen blinden Bettler? Etwa den, der immer vor dem Tor an der Straße saß?« – »Ja, ja, der ist es!« Und nun drängt alles, um diesen Jesus zu sehen. Dabei gibt es Stimmenlärm und am Rande Gedränge, Schelten, Gelächter.

Kurz, es ist ein rechtes Brausen über der Menge. Aber durch allen Lärm hindurch hört man eine Männerstimme. Die singt. Unbekümmert, wie ein Vogel auf den Zweigen, singt der Mann ein Lied zum Lob Gottes.

Ich denke mir: Manche Leute sehen ihn an, schütteln die weisen Häupter und sagen: »Ein bisschen verrückt!« Ja, ein wenig wunderlich ist er schon, dieser Bettler, der blind war und nun sehen kann. Man sollte meinen, der würde nun die Augen aufreißen, um all die nie gesehenen Bilder der Welt in sich aufzunehmen. Aber das tut er nicht. Sein Blick ruht nur auf dem Herrn Jesus. Er kann sich nicht satt sehen an dem Heiland.

Und dabei singen Herz und Mund Ihm zur Ehre.

Ja, er muss laut singen. Sonst zersprengt es ihm das Herz. Vielleicht geht die Geschichte so weiter: Auf einmal legt sich ihm eine Hand auf die Schulter. Und ein braver Bürger sagt zu ihm: »Nur nicht so überschwenglich! Du bist noch immer ein armer Bettler. Und die Not des Lebens wird dir schon bald deine Freude nehmen.«

Da unterbricht der Mann sein Singen. Und

nun merkt man auf einmal, dass er sehr nüchtern ist. Er sagt mit Nachdruck: »Ja, ich bin ein armer Bettler. Aber ein Bettler, der einen Heiland hat.«

Ach, wir sind ja alle irgendwie Bettler, tausendfältig bedrängt von der Not unsrer Tage. Dass wir doch solche glücklichen Bettler würden: Bettler, die einen Heiland haben! Dass über all unsrer Armut leuchtend hell würde: »Also hat Gott die Welt (und also auch mich!) geliebt, dass er seinen eingeborenen Sohn gab, auf dass alle, die an ihn glauben, nicht verloren werden, sondern das ewige Leben haben.«

## 2. Einer vom »am ha arez« überflügelt die Schriftgelehrten

Das Volk Israel zu Jesu Zeiten war im Grunde in zwei Teile zerspalten. Dabei spielte nicht Reichtum eine Rolle. Auch nicht der Einfluss bei der römischen Militärregierung. Nein! Der Unterschied war von Gott her bestimmt. Denn Israel wusste sich ja als »Volk Gottes«.

Da waren auf der einen Seite die Leute, welche die Schrift des Alten Testaments kannten, lasen und auslegten. Sie bemühten sich mit Ernst um Gottes Gesetz und wussten viel von Gott. Das waren die Hohenpriester, Sadduzäer, Pharisäer und Schriftgelehrten.

Auf der anderen Seite stand das »Volk«, das gleichgültig in Sünden lebte, sich um Gott nur eben so weit kümmerte, als es in Israel Sitte war, und im Übrigen seinen Geschäften nachging.
Die Schriftgelehrten verachteten – wahrscheinlich mit guten Begründungen – diese gedankenlosen, geistig und geistlich unbedeutenden Leute, die so bedenkenlos sündigten und dann einmal im Jahr am Versöhnungstag im Tempel sich ihre Sünden vergeben ließen. Ja, sie verachteten sie so sehr, dass sie dies Volk verächtlich »am ha arez« nannten. Man könnte es übersetzen mit »der erdgebundene Pöbel«. In Joh. 7,49 sagen die Pharisäer: »Das Volk, das nichts vom Gesetz weiß, ist verflucht.« Dieser Bettler von Jericho gehörte zu dem »verfluchten Volk, das nichts von Gottes Gesetz weiß«. Er war einer vom »am ha arez«.
Aber nun geschieht das Wunderbare: Dieser Mann überflügelt seit seiner Begegnung mit Jesus alle Schriftgelehrten. Er weiß besser als sogar der Hohepriester, was sich Gott gegenüber geziemt. Dieser arme Mann kennt die Hofsitten vom Hofstaat Gottes. Wie geht es denn zu vor Gottes Thron? Alles gibt Ihm die Ehre. Alle Kreatur, alle Engel und alle vollendeten Heiligen singen Sein Lob.
Und da macht dieser Mann mit. »... und er

pries Gott.« Man kann mancherlei Stellungen Gott gegenüber einnehmen: Man kann über Ihn diskutieren. Man kann Seine Existenz bestreiten. Man kann Ihn bejahen und doch an Ihm vorübergehen. Man kann Ihn fürchten. Man kann Ihm dienen.

Ich weiß nicht, wo wir stehen. Aber das weiß ich: Der Bettler von Jericho nahm Gott gegenüber die beste Stellung ein. »Er pries Gott«, er lobte Ihn und gab Ihm die Ehre.

### 3. Ein Analphabet löst das größte Problem

Ich glaube, darüber gibt es keinen Zweifel, dass dieser Bettler von Jericho ein Analphabet war, d. h. ein Mann, der weder lesen noch schreiben konnte.

Was Bildung anbetrifft, so steht jeder kleine Volksschüler in Deutschland gewiss über diesem Bettler. Aber nun wollte ich euch ja auf die seltsamen Begebenheiten aufmerksam machen, die mit Jesu Kommen geschehen.

Ist es nicht mehr als wunderbar, dass dieser total ungebildete Bettler im Handumdrehen die schwerste und wichtigste philosophische Frage löste?

Welches ist diese? Es ist die Frage: »Was ist der Sinn meines Lebens?« Oder: »Wozu bin ich auf der Welt?« Mit dem Versuch ihrer Beantwortung haben sich die größten Denker zerquält. Der Bettler weiß es: Wir sind auf der Welt, um dem lebendigen Gott die Ehre zu geben.

Wir kommen nicht durch Nachdenken zu einer Antwort auf die Frage nach dem Sinn des Lebens. Keine Weltanschauung und keine Philosophie kann uns die Frage beantworten: »Wozu lebe ich?« Gott selber muss es tun. Nur der Schöpfer kann sagen, wozu Er uns schuf. Die Antwort steht in der Bibel: »Dass wir etwas seien zu Lobe seiner Herrlichkeit.« Wir leben, um Gott die Ehre zu geben.

Dazu hat Jesus den armen Bettler freigemacht. O, dass Sein Blut und Sein Geist in unserm Leben so mächtig würden, dass auch wir frei würden, um Gott mit unserm ganzen Leben zu preisen. Ich möchte, es hieße allezeit auch von mir: »… und er pries Gott.«

*»Und alles Volk, das solches sah, lobte Gott.«*
Lukas 18,43b

Als ich einst einige Vorträge im Ausland zu halten hatte, musste ich mich an der Grenze einer ärztlichen Untersuchung unterziehen.

»Das war doch bisher nicht nötig?!« wandte ich ein. Da hieß es: »Wir haben die spinale Kinderlähmung eingeschleppt bekommen. Nun müssen wir uns vorsehen vor ansteckenden Krankheiten.«

»Ansteckende Krankheiten!« Als ich weiterfuhr, ließ mich dies Wort nicht mehr los. Wenn es ansteckende Krankheiten gibt, müsste es doch auch »ansteckende Gesundheit« geben! Gibt es das? Von ansteckenden Krankheiten spricht man viel, von ansteckender Gesundheit nicht. Es ist die Eigenart der Bibel, dass sie von dem spricht, wovon die Menschen sonst nicht sprechen. Und so hören wir in unsrem Text allerlei von der ansteckenden Gesundheit.

## Die ansteckende Gesundheit

### 1. Um was es sich handelt

Wir kennen alle die ansteckenden Krankheiten: Typhus, Ruhr, spinale Kinderlähmung usw. Worauf man aber gerade in unserer Zeit mehr achten sollte, ist dies: Es gibt auch ansteckende geistige Krankheiten. Als z. B. im Mittelalter die Kreuzzüge erfolglos waren, machten sich Tausende von Kindern auf, um das Heilige Land zu befreien. Sie sind alle schrecklich umgekommen. Diese für Kinder ganz unnatürliche Sorge um das Grab Jesu war eine furchtbare, ansteckende geistige Krankheit.

Gibt es nun eine ansteckende geistige Gesundheit? Nein! Aber es gibt eine ansteckende »geistliche Gesundheit«! Das heißt: Der Heilige Geist kann einen Menschen gesund machen. Und diese geistliche Gesundheit ist erstaunlich ansteckend.

Davon spricht unser Text.

Da war der blinde Bettler vor dem Tor Jerichos vom Herrn Jesus geheilt worden. Diese Heilung betraf nicht nur seine Augen, sondern sie erfasste den ganzen Menschen. Das wurde daran deutlich, dass es von ihm heißt: »… und er pries Gott.« Ein Mensch, der Gott die Ehre gibt, ist genesen.

Aber nun seht, wie ansteckend diese Gesundheit ist. Da heißt es weiter: »Und alles Volk lobte Gott.« Die Leute wurden förmlich angesteckt. Und der Bettler, der zuerst allein sein Loblied sang, sah sich bald von einem vollen Chor begleitet.

Das finden wir oft in der Bibel. Da ist der 34. Psalm, den David im tiefsten Elend sang. Der fängt an: »Ich will den Herrn loben allezeit.« Aber nun will er anstecken. Darum geht es weiter: »… dass es die Elenden hören und sich freuen.« Und dann ist es, als habe er Begleitung gefunden. Und so fährt der Psalmist fort: »Lasst uns miteinander seinen Namen erhöhen!«

Oder: Als Israel durch das Rote Meer gezogen war, wird berichtet: »Und Mirjam nahm eine Pauke in ihre Hand. Und – alle Frauen folgten ihr nach mit Pauken im Reigen. Und Mirjam sang ihnen vor: Der Herr hat eine herrliche Tat getan …«

O, wie stecken wir uns oft gegenseitig an mit unsrer Furcht, unserm Klagen, unsrer schlechten Laune! Dass wir es doch mehr üben möchten: »Lasst uns miteinander seinen Namen erhöhen.« In unseren Häusern müssen wir damit anfangen. Und dann in unserer Umgebung weitermachen. Unsre kranke Zeit könnte geheilt werden, wenn alle Christen damit anfangen wollten, Gott die Ehre zu geben und Ihm Lob zu opfern.

## 2. Es war aber doch noch nicht das Richtige

Es liegt ein unbeschreiblicher Glanz über diesem Bild: Ein armes Volk, das sich um seinen Heiland drängt und mit lauter Stimme Gott Lob darbringt. Es ist ein herrlicher geistlicher Frühling.

Was ist daraus geworden? Es ist bitter zu sagen: Nichts! Wo sind denn diese Leute später, als Jesus gekreuzigt wird und einsam stirbt? Wir hören nichts von einer Erweckung in Jericho.

Wie kam das?

Seht, unser Text zeigt uns, woran das Lob der Menschen sich entzündete: »Und alles Volk, das solches sah, lobte Gott.« Sie hatten eine herrliche Tat Jesu gesehen. Er hatte einen ganz armen Menschen sehend und glücklich gemacht. Dieses Wunder Jesu hatte ihre Seele für einen Augenblick in Gottes Nähe versetzt und zum Leben gebracht. Aber sehr schnell war das alles wieder erloschen.

Sie hatten eben noch nicht die richtige Tat des Heilands gesehen. Die erst schenkt uns endgültig die ansteckende geistliche Gesundheit. Und diese Tat Jesu ist – Sein Sterben am Kreuz. Gewiss! Man kann davon hören und alles wissen, und man hat es doch noch nicht im Glauben erfasst. Aber wenn ein Sünderherz einmal seine Verlorenheit und Sünde erkennt, dann wird es reif, dass es die größte Tat Jesu sieht. Da findet man am Kreuz seinen Erlöser, Schuldentilger und Seligmacher. »Wer Jesus im Glauben am Kreuze erblickt, / wird heil zu derselbigen Stund' ...«, heißt es in einem Lied. Da singt man dann Loblieder. Und sie verklingen nicht mehr bis in alle Ewigkeit.

Als dort bei Jericho das Volk so erwachte und Gott die Ehre gab, hat der Herr Jesus kein Wort darüber verloren. Er wusste, dass es bald damit zu Ende sein würde. Denn Er hat selbst gesagt: »Es sei denn, dass das Weizenkorn in die Erde falle und ersterbe, sonst bringt es keine Frucht.« Mit dem Weizenkorn hat Er sich selbst gemeint. Damit sagt Er ganz deutlich: Bleibende Frucht kommt erst aus meinem Kreuzestod.

Wer also die ansteckende Gesundheit finden will, der gehe unter Jesu Kreuz. Hier wird sie ihm wirklich geschenkt.

### 3. Das Endgültige findet sich erst in der zukünftigen Welt

Im Alten Testament lesen wir eine ergreifende Geschichte. Da wird berichtet, wie Jakob eine Nacht hindurch mit Jesus rang. Als aber die Sonne aufging, konnte er sagen: »Meine Seele ist genesen.«

So kann nun eigentlich jeder rechte Christ bekennen, der »Jesus im Glauben am Kreuze erblickt«.

Aber es ist etwas Paradoxes um den Christenstand. Ich weiß: Meine Seele ist genesen, als mich Jesus fand. Und doch fühle ich täglich die Krankheit meiner Seele, und täglich muss ich feststellen, dass mein Herz böse und verdorben ist. Darum freue ich mich auf die zukünftige Welt. Da werden die, welche dem Herrn angehören, ganz genesen sein.

So finde ich in unserm Text einen Hinweis auf diese zukünftige Welt. »Alles Volk lobte Gott.« Das könnte in der Offenbarung stehen. So wird es im Himmel sein. Und ich glaube, dass keine Schönheit und kein Glück der Welt sich vergleichen lassen mit der Schönheit und dem Glück der zukünftigen Welt, wo »alles Volk Gott lobt«.

## Der reiche Jüngling

Lukas 18,18-30

»*Und es fragte ihn ein Oberster und sprach: Guter Meister, was muss ich tun, dass ich das ewige Leben ererbe?*«
Lukas 18,18

Den ganzen Tag wurde der Herr Jesus mit den abwegigsten und törichtesten Dingen angelaufen: Da kam einer, der Ihn ersuchte, als Erbschlichter zu fungieren. Da stritten die Jünger, wer von ihnen der Bedeutendste sei. Da kamen die Schriftgelehrten mit spitzfindigen Streitfragen. Da liefen Ihm Menschen zu, die Wunderzeichen sehen wollten.
Und jetzt geschieht es, dass einer – endlich einer! – kommt und fragt: »Guter Meister, was muss ich tun, dass ich das ewige Leben ererbe?«
Das ist eine bedeutsame Sache, wenn ein Mensch all die kleinen und großen Fragen des Lebens zurückstellt und zu Jesus kommt mit dem Anliegen: »Was muss ich tun, dass ich das ewige Leben ererbe?«

# Die wichtigste Sorge

## 1. Wie die Sorge entstand

Die Geschichte von dem »reichen Jüngling« ist offenbar sehr wichtig. Denn die drei Evangelisten Matthäus, Markus und Lukas bringen sie ausführlich. Und jeder berichtet etwas Besonderes von diesem Mann. Wenn wir die drei Schilderungen zusammen sehen, können wir uns ein genaues Bild machen.

Dieser junge Mann hatte eigentlich alles, was das Herz eines Menschen begehren kann: Er war jung. Er war reich. Er war ein »Oberster«. Das heißt wohl, dass er trotz seiner Jugend ein Mitglied des »Hohen Rats« war. Dieser »Hohe Rat« war die oberste weltliche und kirchliche Behörde in Israel. Der junge Mann hatte es also zu erstaunlichen Ehrenstellungen gebracht in einem Lebensalter, in dem andere noch in der Berufsausbildung stehen.

Man sollte meinen, dass dieser beneidenswerte junge Mann restlos glücklich gewesen sei. Aber dem ist nicht so. Er wusste genau, was ihm fehlte. Er war ein Mann, der die Bibel kannte. Und er hatte wohl im Propheten Daniel gelesen: »Und viele, so unter der Erde schlafen, werden aufwachen: etliche zum ewigen Leben, etliche zu ewiger Schmach und Schande.« Gewiss kannte er auch das seltsame Wort aus Sprüche 1,18, wo es von den Sündern heißt: »Sie trachten sich selbst nach dem Leben«; d. h. sie bringen sich selbst im Leichtsinn um das ewige Leben. Diese Worte haben ihn beunruhigt. Und so fing er an, das ewige Leben zu suchen.

## 2. Das unheimliche Manko

Der junge Mann war von der Sorge umgetrieben: »Was muss ich tun, dass ich das ewige Leben ererbe?« Ja, wie erwirbt man das ewige Leben?
Der reiche Jüngling wusste es nicht anders als so: Man muss etwas tun. Also wurde er fromm. Doch nun wurde die Unruhe erst recht groß: »Ist es auch genug?« Da bemühte er sich noch mehr, alle Gebote Gottes zu halten. Er wurde so fromm, dass die Ältesten Israels auf ihn aufmerksam wurden und ihn in den »Hohen Rat« wählten. Aber die Unruhe blieb: »Ist es nun genug, was ich tue?« Weil er das selbst nicht entscheiden konnte, ging er zu den berühmten Lehrern Israels: »Was muss ich tun, damit ich ganz gewiss selig werde?« Und die gaben ihm Ratschläge, die er befolgte. Aber die Unruhe blieb: »Reicht es jetzt?« – Schließlich kommt er

zu Jesus: »Weißt Du noch etwas, was ich tun müsste?«

So hatte er die beständige Angst, es könnte nicht reichen. Nicht nur dem reichen Jüngling ging es so. Wir wissen von Martin Luther, dass er sich im Kloster abquälte, durch Bußübungen und Gebete selig zu werden, und dass auch bei ihm immer ein unheimliches Manko blieb.

Haben wir unser Leben schon einmal so ernsthaft geprüft? Und ist uns dabei nicht die Angst gekommen, es könnte nicht reichen zum Seligwerden? Ich fürchte, wir alle haben längst nicht so viel Frömmigkeit und gute Taten aufzuweisen wie der reiche Jüngling. Ich fürchte, unser Manko ist viel, viel größer.

Man muss sich wundern und erschrecken, mit welchem Leichtsinn die meisten Menschen jenem Tag entgegengehen, an dem wir auferstehen werden, »etliche zum ewigen Leben, etliche zu ewiger Schmach und Schande«.

## 3. Die Ahnung des Richtigen

Es ist, als wenn das unruhige Gewissen des reichen Jünglings die frohe Botschaft ahne, die das Neue Testament verkündet. Er sagt nämlich etwas sehr Verwunderliches und geradezu Paradoxes: »Was soll ich tun, dass ich das ewige Leben ererbe?« Um etwas zu ererben, kann man doch nichts tun! Man kann nur warten, bis das Erbe zugesprochen wird; und dann kann man es annehmen. Der junge Mann müsste also sagen: »Was kann ich tun, dass ich das ewige Leben erobere oder gewinne?« – Seltsamerweise sagt er »ererbe«.

»O du reicher Jüngling«, möchte man rufen, »du sprichst es ja aus, wie man das ewige Leben bekommt: Man kann nichts tun. Man kann es nur erben!« Der ärmste Bettler ist in der gleichen Lage wie dieser edle junge Mann: Alles, was wir aufbringen können, reicht nicht aus. Es bleibt das Manko. Wir können nur erben.

Das Neue Testament braucht sehr oft das Bild vom »Erbe«. Man kann ein Erbe erst antreten, wenn der Erblasser gestorben ist. Die Bibel sagt: Jesus ist gestorben und hat uns das ewige Leben zum Erbe gegeben.

Im Wort Gottes finden wir immer wieder den Gedanken: Wer im Glauben Jesus annimmt, der wird durch Sein Sterben zum Kind Gottes gemacht. Als Kinder Gottes sind wir Gottes Erben. Gott hat das ewige Leben. Wenn ich Gottes Kind und Erbe bin, dann habe ich das ewige Leben.

Epheser 1,11 steht: »Durch Jesus Christus sind wir zum Erbteil gekommen.« Galater 4,7: »Sind wir aber Kinder, so sind wir auch Erben Gottes durch Christus.« Römer 8,17: »Sind wir aber

Kinder, so sind wir auch Erben, nämlich Gottes Erben und Miterben Christi.« Titus 3,6 und 7: »Gott hat den heiligen Geist reichlich ausgegossen über uns durch Jesum Christum, unsern Heiland, auf dass wir durch desselben Gnade gerecht und Erben seien des ewigen Lebens.« 1.Petrus 1,3-5: »Gelobt sei Gott und der Vater unseres Herrn Jesu Christi, der uns nach seiner großen Barmherzigkeit wiedergeboren hat zu einer lebendigen Hoffnung durch die Auferstehung Jesu Christi von den Toten, zu einem unvergänglichen und unbefleckten und unverwelklichen Erbe, das behalten wird im Himmel euch, die ihr aus Gottes Macht durch den Glauben bewahrt werdet zur Seligkeit.«

Es geht also darum, Jesus im Glauben als seinen Herrn und Bruder anzunehmen. Im gleichen Augenblick ist uns das ewige Leben als Erbe zugesprochen.

Wer das erkennt, will nicht mehr selig werden durch eigene Gerechtigkeit, die doch vor Gott nicht Bestand hat, sondern der läuft zum Herrn Jesus, hängt sich an Ihn und bleibt bei Ihm.

*»Jesus aber sprach zu ihm: Was heißt du mich gut? Niemand ist gut denn der einige Gott.«*
Lukas 18,19

Ich bin überzeugt, dass die Jünger bei dieser Antwort dachten: »Dieser Jesus versteht sich schlecht auf Seinen Vorteil. Als die dummen kleinen Kinder angeschleppt wurden, hat Er sie mit Leidenschaft an Sein Herz gezogen. Und hier kommt nun ein einflussreicher und bedeutender Mann, von dem endlich einmal eine verständige Frage gestellt wird. Und dem antwortet der Herr geradezu unfreundlich. Er weist die achtungsvolle Rede dieses Mannes in einer Weise zurück, die den ›Obersten‹ vor den Kopf stoßen muss.«

Nun, das ist menschlich geurteilt. Der Herr Jesus, der »Herzenskündiger«, durchschaut den reichen Jüngling und weiß, was ihm nottut. Er will ihm aus viel Verworrenheit zur Klarheit helfen. So stellt Er in Seiner Antwort

## Drei grundlegende Fragen

### 1. Was denkst du von dir selbst?

»Niemand ist gut denn der einige Gott!« Ich bin überzeugt, dass der junge Mann, der es so früh zu einer bedeutenden Stellung in seinem Volk gebracht hatte, bei dieser Antwort bleich wurde. Denn geradezu davon war er – man sieht das im weiteren Verlauf der Geschichte – gänzlich überzeugt, dass er ein guter Mensch sei.

Man unterschied in Israel sehr deutlich zwischen den »Gerechten«, die sich um Gottes Gesetz mit großem Ernst bemühten, und den »Sündern und Zöllnern«. Und nun wirft dieser Jesus den ganzen Unterschied über den Haufen und sagt klar: »Niemand ist gut!«

»Man muss an das Gute im Menschen glauben!« So hören wir es überall. »Der Mensch gibt sich ja selber auf, wenn er das nicht mehr glauben kann.« Aber dahin eben will es der Heiland mit uns treiben, dass wir uns selber aufgeben.

Davor hat der Mensch Angst. Darum glaubt er lieber an »das Gute im Menschen«. Goethe sagt im »Faust«: »Ein guter Mensch in seinem dunklen Drange / ist sich des rechten Weges wohl bewusst!« O großer Goethe, darum gingst du Jesus aus dem Weg, weil du das nicht hören wolltest: »Niemand ist gut!«

Der junge Mann in unserm Text setzte alle Kraft an sein Ziel: Er wollte Gerechtigkeit vor Gott durch gute Werke. In dieses ernsthafte Bemühen hinein kommt das Wort des Herrn Jesus als Hindernis: »Niemand ist gut.« Versteht ihr, dass er bleich wurde? Dass in seinem Herzen erschrocken die Frage aufkam: »Dann ist das Ziel ›Gerechtigkeit vor Gott‹ völlig unerreichbar?!«

Der große Seelsorger Jesus wollte ihn auf einem andern Weg an das Ziel bringen. Dieser andere Weg heißt: »Nun wir denn sind gerecht geworden durch den Glauben...« – an den Sünderheiland Jesus Christus (Römer 5,1).
Niemand ist gut! Das müssen wir erkennen und wissen. Darum lasst uns recht bitten: »Herr, zeige mir mein Herz! Decke mir meinen verlorenen Zustand, mein Elend auf!«

## 2. Was denkst du von Jesus?

Höflich tritt dieser junge Oberste der Schriftgelehrten auf Jesus zu: »Guter Meister ...« Kühl antwortet der Herr: »Was nennst du mich gut? Niemand ist gut denn Gott.«
Damit stellt der Herr Jesus den Mann vor die Frage: »Was denkst du über mich? Entweder bin ich ein Mensch wie du; dann darfst du mich nicht ›gut‹ nennen. Oder ich bin ›gut‹, dann – bin ich Gott.«
Dies ist die grundlegende Frage deines Lebens: »Was hältst du von Jesus?« Man hört so oft den Satz: »Wir müssen die Lehren Jesu ernst nehmen: Glaube an Gott, Nächstenliebe usw.« Gewiss, es ist gut, von Jesus zu lernen. Aber das ist noch weit entfernt von der göttlichen Fundamental-Erkenntnis. Jesus hat nicht Lehren gegeben, die man – abgetrennt von Seiner

Person – verwenden könnte. Lest einmal die Evangelien! Da seht ihr, dass Er lehrt: Alles Heil hängt an meiner Person. In mir kommt Gott zu euch. – So sagt er: »Glaubet an Gott und glaubet an mich.« Und: »Kommet her zu mir alle ...« Und: »Ich bin der Weg, die Wahrheit und das Leben.«

Das ist die entscheidende Frage der göttlichen Erkenntnis: »Glaubst du, dass der Mann Jesus, der vor 2000 Jahren als armer Wanderer und Lehrer über die Straßen Palästinas ging, der Sohn Gottes ist?« Das geht der unerleuchteten Vernunft sehr schwer ein. Und Luther hat Recht, wenn er sagt: »Ich glaube, dass ich nicht aus eigener Vernunft noch Kraft an Jesum Christum, meinen Herrn, glauben oder zu ihm kommen kann, sondern der Heilige Geist ... hat mich berufen ... erleuchtet ...«

Was hältst du von Jesus?

O ja, man darf Ihn anreden: »Guter Meister!«, wenn auch niemand gut ist als Gott. Er ist Gott. Und darum ist Er gut. Und wenn ich davon reden wollte, wie gut Er gegen mich bis zu diesem Tag gewesen ist, würde ich kein Ende finden. »Der Herr ist gut, in dessen Dienst wir stehn ...« – so singen alle Heiligen Gottes voll Freude.

»Niemand ist gut ...« – da nimmt uns der Herr

Jesus alles Vertrauen zu uns selbst und alle Hoffnung auf Menschen. ... »denn der einige Gott.« Da richtet Er unsern Blick nach oben. Und da leuchtet es in herrlicher Pracht: »Gott, ja Gott ist gut.«
Und dieser Gott ist in Jesus zu uns gekommen.

## 3. Willst du überhaupt die Wahrheit?

Da kommt der reiche Jüngling zum Herrn und will das Höchste: das ewige Leben. Er spricht Ihn an: »Guter Meister ...« – und schon weist Jesus ihn zurecht: »Was nennst du mich gut?« Ich bin überzeugt, dass der junge Mann sich bei dieser Anrede nichts gedacht hat. Und das eben will Jesus klarstellen. Er will deutlich machen: Wer das ewige Leben will, der muss vor allem »aus der Wahrheit« sein.

Das ist sehr erschreckend für uns. Sagen wir nicht dauernd Dinge, die nicht ganz wahr sind? Reden wir nicht häufig etwas, was wir im Grunde gar nicht so meinen? Vielleicht dachte der junge Mann: »Es wird von Vorteil sein, wenn ich diesen bekannten Prediger höflich anspreche.« Geht es uns nicht auch oft so, dass wir um des Vorteils willen Unwahrhaftigkeiten sagen? So kann man das ewige Leben nie gewinnen. Jesus sagt: »Wer aus der Wahrheit ist, der höret meine Stimme.« Wer zu Jesus kommt, kommt in lauter Wahrheitsluft. Und wir Lügner halten es bei Ihm nicht aus – oder wir lassen uns von Ihm in die Wahrheit führen.

*»Du weißt die Gebote wohl: ›Du sollst nicht ehebrechen; du sollst nicht töten; du sollst nicht stehlen; du sollst nicht falsch Zeugnis reden; du sollst deinen Vater und deine Mutter ehren.‹«*
Lukas 18,20


Vor einiger Zeit bat mich ein Mann um eine Aussprache. Ich habe fast eine Stunde mit ihm gesprochen. Am nächsten Tag schrieb er mir einen Brief. In dem beklagte er sich, ich hätte gar keine Zeit für ihn gehabt.
Hier bittet ein Oberster der Schriftgelehrten den Sohn Gottes um eine Aussprache. Ich habe einmal nachgerechnet, wie lange diese dauerte: 1 1/4 Minute! Und doch ist in dieser Aussprache Entscheidendes geschehen. Da seht ihr den Unterschied zwischen dem Heiland und einem menschlichen »Seelsorger«. Wir reden und reden – und am Ende haftet nichts. Beim Herrn Jesus aber ist jeder Satz ein Schuss ins Schwarze. Jeder Satz trifft in das Gewissen.
Ja, diese Sätze Jesu sind so lebendig und gewaltig, dass jedes Wort des Herrn Jesus noch

heute für uns ein Blitzstrahl in das Gewissen ist. Dass doch der Satz uns begleitete:

## »Du weißt die Gebote wohl!«

### 1. Dieser Satz ist ein Zeugnis

Ich bin so gern im Rosegg-Tal im herrlichen Engadin (Schweiz). Bis in die Wolken hinein ragen die zwei Berghäupter: Piz Palü und Bernina.

Solch einen Blick schenkt uns die Bibel: Da ragen wie Berge hoch die zwei Gottes-Offenbarungen, die des Alten und die des Neuen Testaments. Die alttestamentliche am Berg Sinai, die des Neuen Testaments am Berg Golgatha. Am Sinai wurde das Gesetz gegeben. Auf Golgatha erschien »die Gnade und Wahrheit«.

Nun ist es ein eigenartiger Vorgang, dass man schon sehr bald versucht hat, die eine Offenbarung gegen die andere auszuspielen. Da lebte z. B. um das Jahr 140 ein reicher Reeder Marcion. Der lehrte: »Der Gott des Sinai ist ein böser Gott, der mit dem Gesetz die Menschen quält. Der Gott aber des Neuen Testaments ist ein guter, ein andrer Gott.« Dieser Marcion hat der alten Kirche viel zu schaffen gemacht.

Dasselbe kann man bei uns hören: »Der Gott

des Sinai ist ein böser Rache-Gott. Der Gott aber des Neuen Testaments ist der Gott der Liebe.«

All das macht Jesus, in dem Gott die neue Offenbarung schenkt, zunichte mit dem einen Satz: »Du weißt die Gebote wohl!« Da legt Er Zeugnis ab für die Gottesoffenbarung vom Sinai. »Das Gesetz vom Sinai«, sagt Er, »die Zehn Gebote sind die Gebote Meines himmlischen Vaters. Der Gott des Alten Testaments ist Mein Vater.«

Wie ändern die Menschen doch beständig wieder um, was sie selber festgesetzt haben! Ganz anders unser Gott. Der Herr Jesus legt hier Zeugnis ab für die ewige Gültigkeit der Zehn Gebote. Mögen die Zeiten sich wandeln, mögen neue Gedanken in den Köpfen spuken – uns Menschen gilt mit ganzem Ernst: »Du sollst nicht ehebrechen! Du sollst nicht stehlen! Du sollst nicht falsch Zeugnis reden! Du sollst deinen Vater und deine Mutter ehren!« Mit großem Ernst bekräftigt hier der Herr Jesus diesen unwandelbaren Willen Gottes.

### 2. Dieser Satz ist ein Scheinwerfer

Ihr müsst mir schon erlauben, einmal ganz persönlich zu sprechen. So kann ich die Sache am besten klar machen: In dieser Woche schrieb ich einen langen Brief an meine liebe alte Mutter. Da schilderte ich ihr mein reiches Erleben der letzten Wochen. Ich erzählte von einer großen Vortragsreise, von verschiedenen Aufgaben in der Nähe. Ich schilderte ein Pfarrertreffen und einen Jungmännertag, über dem ein herrlicher Glanz lag. Ich sprach von köstlichen Erlebnissen auf Freizeiten … Es wurde ein feiner Brief!

Aber als ich ihn schloss, dachte ich: »Ehrlicherweise müsste nun ein zweiter Brief geschrieben werden.« Und darin müsste stehen, wie ich oft abgrundtief verzagt war und ein andermal wieder sehr lieblos. Wie ich mich von schlechten Launen beherrschen ließ. Wie ich oft gar nicht mit Gott rechnete. Ich müsste erzählen, wie ich – nun, es mag genügen! Ihr versteht! Wir schreiben alle nur den ersten Brief, nie den zweiten!

Wir führen ein Tagesleben, mit dem die Menschen und wir zur Not zufrieden sein können. Aber dahinter ist unser eigentliches Leben, da sind unsere Finsternisse, unsere bösen Gedanken und dunklen Dinge.

Und seht, in dies Leben unserer Schuld leuchtet Jesus hinein mit dem Satz: »Du weißt die Gebote wohl!«

»Du sollst nicht ehebrechen!« O Gott, was kommt da ans Licht an Gedanken, Jugendsünden und Verfehlungen! »Du sollst nicht töten!« Hier deckt der Herr unser Mörderherz auf, das seit Kains Zeit immer in Zank und Streit lebt. »Du sollst nicht falsch Zeugnis reden!« Plötzlich stehen all unsre großen und kleinen Lügen im Licht. Und wie reden wir über andere! Gott hat es auf einer unzerstörbaren Schallplatte aufgenommen. »Du sollst Vater und Mutter ehren!« Wie leuchtet dies Wort hinein in die Familien!

Warum ist Jesus so hart? Warum deckt Er auf, was wir verbergen möchten? Warum will Er uns zu Sündern machen?

Darum, weil Er gekommen ist, Sünder zu erretten. Und das kann Er nur, wenn wir in unsern eigenen Augen zu Sündern geworden sind. Zum rettenden Kreuz Jesu findet nur der den Weg, der zuvor im Scheinwerferlicht Jesu gestanden hat.

Ich muss noch berichten, dass der Oberste unseres Textes diesem ersten Angriff Jesu standhielt. Aber es mag euch aufgefallen sein, dass Jesus hier noch gar nicht alle Zehn Gebote zitiert. Als er den Scheinwerfer der Zehn Gebote weiterdrehte, brach auch dieser Stolze, dieser Selbstgerechte zusammen.

### 3. Dieser Satz ist ein Wegweiser

Ein Wegzeiger zur Gerechtigkeit vor Gott! Seht,

es gibt zwei Wege zu Gott. Nur zwei Wege! Der eine ist der, dass wir völlig fehlerlos und sündlos uns als Seine Kinder bewähren. Dann sind wir vor Ihm gerecht. Der andere Weg ist der, dass man als ein armer und völlig verlorener Sünder nur die Gnade begehrt, die der Schächer vom gekreuzigten Heiland empfing. Beim zweiten Weg gibt der Mensch sich selber völlig auf. Da glaubt er nicht mehr an das Gute im Menschen und auch nicht mehr an das Gute in sich selbst.

Dieser Weg ist dem stolzen Menschen zuwider. Darum wählt er meist den ersten Weg, wo man durch sein Leben vor Gott gerecht sein will. Solch ein Mensch war der Oberste in unserem Text.

Der Herr Jesus hat nichts dagegen. »Gut«, sagt Er, »du kannst diesen Weg gehen. Nur musst du dir klar werden: Es ist nicht damit getan, dass du ein bisschen Moral hast und mit der Polizei nicht in Konflikt kommst. Nein! Du bist vor Gott nur gerecht, wenn du die Gebote Gottes ganz hältst.« – Jesus erwähnte nur fünf Gebote. Mich – und gewiss alle – verdammen schon diese fünf Gebote. Und so bleibt mir – Gott sei Dank! – nur der andere Weg: dass ich schreie: »Herr Jesus, der Du für Sünder starbst, nimm auch mich an und schaffe Du in mir ein reines Herz und gib mir einen neuen, gewissen Geist!«

*»Er aber sprach: Das habe ich alles gehalten von meiner Jugend auf.«*
Lukas 18,21

Als ich vor einiger Zeit mit meinem Wagen über die Autobahn fuhr, stand da am Straßenrand eine schwerbepackte Frau und winkte, ich solle sie mitnehmen. Ich hielt an und ließ sie einsteigen. Aufatmend sagte sie anerkennend zu mir: »Es gibt doch noch gute Menschen.«

Nun muss ich offen gestehen, dass mir diese Anerkennung sehr wohl tat, und ich sonnte mich einen kurzen Augenblick so richtig im Glanz meiner eigenen »Gutheit«. Denn – wenn ich schon so persönlich rede, dann muss ich auch das gestehen – der Geist Gottes und mein eigenes Gewissen fällen immerzu ein ganz anderes Urteil über mich. So war der Satz »Es gibt doch noch gute Menschen« wie Balsam auf eine wunde Stelle …

Aber meine Freude dauerte nur kurz. Es wurde mir sehr schnell klar: Gottes Geist und mein eigenes Gewissen kennen mich besser als diese Frau. Und so musste ich der Frau sagen: »Ich kann mich leider nicht zu den guten Menschen rechnen!«

Aber nun wollen wir diese Frage einmal aufwerfen – oder vielmehr: unser Text wirft sie auf:

# Gibt es gute Menschen?

## 1. Hier scheint einer zu sein

Gibt es gute Menschen? Ich glaube, es hat nie eine Zeit gegeben, wo die Menschen diese Frage so unerhört oberflächlich beantwortet haben wie heute. Obwohl wir in einer verruchten Zeit leben, sagt fast jeder: »Ob es gute Menschen gibt? Aber natürlich! Ich bin doch einer davon!« Da hat vor einiger Zeit eine Frau unserer Gemeinde einen gebildeten Mann zum Gottesdienst eingeladen. Der erwiderte freundlich: »Sehen Sie, das habe ich nicht nötig! Ich halte es mit Goethe: ›Ein guter Mensch in seinem dunklen Drange ist sich des rechten Weges wohl bewusst.‹« Dieser Mann aber lebt offen im Ehebruch und verdient sein Geld auf brutale Weise.

Die meisten Menschen antworten, nach ihrer Sünde gefragt: »Ich bin ein guter Mensch.« O, was wird das für ein Erschrecken geben, wenn Gott am Jüngsten Tag das Verborgene aufdeckt!

Nun, so oberflächlich war der junge Mann in unserem Text nicht. Er wusste: Ein guter Mensch ist einer, der in den Schranken der Gebote Gottes läuft. Als Jesus ihm fünf Gebote Gottes vorhält, kann er fröhlich sagen: »Das habe ich alles gehalten.« Das war nicht Aufschneiderei. Sonst hätte ihm der Herr widersprochen. Der junge Mann dachte: »Ich kann auch lügen. Aber – ich fürchte Gott! – Ich habe auch heißes Blut, das mich fortreißen will. Aber – um Gottes willen kämpfe ich um ein reines Leben. – Ich möchte auch dreinschlagen, wenn mir Unrecht geschieht. Aber – Gottes Gebot hält mich im Zaum.«

Ein junger Mensch, der mit Ernst in den Schranken der Gebote Gottes läuft – ein schönes Bild! Und dabei ist das nicht ein blutarmer Schwachkopf. O nein! Er ist – trotz seiner Jugend – Mitglied des Hohen Rates!

## 2. Und doch – es ist ein Irrtum

Deutlich sehen wir die Szene vor uns: Da steht in äußerer Armut und doch großer Hoheit der Sohn Gottes, vor Ihm der vornehme junge Mann mit der Unruhe im Gesicht: »Was muss ich tun, dass ich das ewige Leben ererbe?« Jesus hat ihm geantwortet: »Halte die Gebote!« Und Er hat ihm gleich fünf aufgezählt. Fröhlich antwortet der junge Mann: »Das habe ich alles gehalten von Jugend an.«

Das Auge Jesu ruht mit unendlicher Liebe auf dem Jüngling. War nun Jesus auch überzeugt: Hier ist endlich ein guter Mensch?

»Nein!« müssen wir antworten. In Joh. 2 steht: »Jesus wusste wohl, was im Menschen war.« Und was Er da sah, hat Er ausgesprochen schon lange vor Seiner Menschwerdung, gleich nach der Sintflut: »Das Trachten des menschlichen Herzens ist böse von Jugend auf.« Und Er hat es wieder ausgesprochen in Seinen Erdentagen: »Aus dem Herzen kommen arge Gedanken ...«

Seht, wir stehen in unserer Betrachtung an einer wichtigen Stelle. Hier scheidet sich die Weltanschauung der Bibel von der Weltanschauung der Menschen. Die Menschen glauben, dass man sich aus einem barbarischen Zustand unter allerlei Rückschlägen doch hochentwickle zum wirklichen, zum guten Menschen. Die Bibel sagt: Der Mensch war geschaffen zum Ebenbild Gottes. Da war er wirklich gut und wirklich Mensch. Aber – dann kam der Sündenfall. Und nun geht die Entwicklung abwärts bis zum völlig entgotteten Menschen der Endzeit.

Wir müssen uns entscheiden, was wir vom

Menschen halten. Denn hier ist der erste Schritt zum Verstehen des Evangeliums.

Müssen wir nicht der Bibel Recht geben nach allem, was wir erlebt haben? Wollen wir wirklich noch an das Gute im Menschen glauben? Hat nicht unsre Zeit es uns vor die Augen geführt, dass der Mensch böse, gottlos, ichsüchtig, völlig verloren und in einem elenden Zustand ist? Aber das darf nicht eine theoretische Erkenntnis bleiben, sondern wir müssen zur Erkenntnis des eigenen Herzens-Zustands kommen. Da lernt man dann mit dem Römerbrief sprechen: »Ich elender Mensch, wer wird mich erlösen von dem Leibe dieses Todes!« So sieht auch Jesus den Menschen!

Und da steht nun vor Ihm dieser junge Mann und sagt strahlend: »Die Gebote, die du nennst, habe ich alle gehalten.« Und jetzt müsst ihr darauf achten, dass der Herr Jesus ihm nicht widerspricht. Er lässt das gelten. Damit erkennt Er an: »Es gibt gute Taten.« Jawohl, das sagt die Bibel: Es gibt keine guten Menschen. Aber es gibt je und dann gute Taten. Und Gott erkennt jede gute Tat an.

Ich muss aber gleich hinzufügen: Ich möchte mich nicht auf meine paar guten Taten verlassen am Tag des Gerichts. Und das rät Jesus dem Jüngling auch nicht.

## 3. Die Ahnung der Wahrheit

Der junge Mann unserer Geschichte hat seine Anwort erhalten und kann nun gehen. Er geht aber nicht. Es entsteht eine Pause. Markus spricht in seinem Evangelium so davon: »Jesus sah ihn an und liebte ihn.« Und Matthäus erzählt, dass der Jüngling fragte: »Was fehlt mir noch?« Da haben wir's: Er fühlt, dass ihm das Beste in seinem Leben fehlt. O, ich glaube, die meisten Menschen haben dieselbe Ahnung. »Was fehlt mir noch?« Wohl dem, der so fragt!

Was fehlt mir noch? Es gibt nur eine einzige Antwort auf diese Frage: Dir fehlt der Heiland.

Man möchte dem jungen Mann zurufen: Du hast eine große Ehrenstellung in der Welt; aber – du bist kein Kind Gottes! Du hast Reichtum; aber – dein Herz bleibt bettelarm. Du suchst, vor Gott gerecht zu sein; aber – du bist es nicht und weißt es heimlich. Und sieh – alles, was dir fehlt, kann dir Jesus, der vor dir steht, schenken.

Wir fragten: Gibt es gute Menschen? »Nein!« sagt die Bibel. »Vor Gott kann keiner bestehen. Aber es gibt einen Heiland, der uns gerecht macht.« Und so singen alle, die Ihn kennen:

»An mir und meinem Leben / ist nichts auf dieser Erd. / Was Christus mir gegeben, / das ist der Liebe wert.« Und sie singen: »Wenn ich mich selbst betrachte, / so wird mir angst und weh. / Wenn ich auf Jesum achte, / so steig ich in die Höh.«

*»Da Jesus das hörte, sprach er zu ihm: Es fehlt dir noch eins. Verkaufe alles, was du hast, und gib's den Armen, so wirst du einen Schatz im Himmel haben; und komm, folge mir nach!«*
Lukas 18,22

Es war einmal - so lesen wir 1.Könige 19 – ein junger Mann Elisa, der als reicher Bauernsohn eines Tages fröhlich und ahnungslos mit 24 Ochsen pflügte. Ich denke, er freute sich recht an seinen schweren Ochsen und an dem schönen Morgen.
Und dann kam der Prophet Elia des Wegs daher. Die beiden haben nicht viel miteinander gesprochen. Aber als Elia weiterzog, ging der junge Elisa mit ihm – als Prophet Gottes. Hinter den Davongehenden verklang der Lärm des Abschiedsmahles, zu dem der junge Elisa zwei Ochsen geschlachtet hatte. Und an dem noch rauchenden Opferaltar standen seine Eltern und winkten ihm nach. Wie wichtig war

für diesen jungen Mann die Begegnung mit dem Propheten gewesen!

Wenn nun eine Begegnung mit einem Knecht Gottes schon so einschneidend sein kann, wie viel mehr wird eine Begegnung mit Jesus, dem Sohn Gottes, unser Leben verändern! Das hat der junge Mann in unserm Text erlebt. Und uns kann es auch widerfahren. Denn Jesus lebt wirklich. Und Er begegnet auch heute Menschenkindern.

## Wie einschneidend ist eine Begegnung mit Jesus!

### 1. Nun ist aller Selbstruhm dahin

Wir wollen uns noch einmal die Geschichte vergegenwärtigen: Da kommt zu Jesus ein junger Mann, der es durch seine Intelligenz und Frömmigkeit schon zu einem Sitz im Hohen Rat gebracht hat. Er fragt: »Was muss ich tun, dass ich das ewige Leben ererbe?« Der Herr antwortet ihm: »Halte die Gebote Gottes.« Und dann nennt Er ihm gleich fünf von den zehn Gottesgeboten. Man spürt den Jubel in der Stimme des jungen Mannes, als er antwortet: »Das habe ich alles gehalten von Jugend auf! Was fehlt mir noch?«

Ich bin überzeugt, er erwartet die Antwort: »Lieber Freund, dir fehlt gar nichts. Dich kann ich nur loben!« Statt dessen kommt etwas ganz anderes. Nach einer beklemmenden Pause sagt Jesus: »Es fehlt dir eins. Verkaufe, was du hast, und gib es den Armen ... und folge mir nach!« O, ich könnte mir denken, dass sich unser Herz empört, dass wir sagen: »Das ist ja unmenschlich und hart!« Je länger ich aber über den Text nachdachte, desto klarer wurde mir dies: Der junge Mann hat deutlich verstanden, dass der Herr jetzt nur ein weiteres Gebot zur Sprache brachte, nämlich das erste Gebot. Es heißt: »Ich bin der Herr, dein Gott; du sollst nicht andere Götter haben neben mir.« Und der Herr hat dem jungen Mann stillschweigend gezeigt: »Du hast ja einen Götzen, den du lieber hast als Gott – deinen Besitz!« Zwischen beiden stand jetzt groß der Satz: »Ihr könnt nicht Gott dienen und dem Mammon!«

Ob der junge Mann nun dem Ruf Jesu folgte oder nicht – eins war klar: Er hatte – wie jeder Sünder – Gottes Gebot übertreten. Er war ein Sünder wie jeder Zöllner und Dieb.

O, wie hatte dieser junge Mann die Heiden verachtet! Ein Glied des Hohen Rats hätte einem Heiden nie die Hand gegeben, um nicht unrein zu werden. Und nun war er selbst ein

Heide, der einen Götzen hatte. Dahin war seine Gerechtigkeit vor Gott. Zertrümmert sein Stolz! Ein Sünder war er!

So geht das immer, wenn man Jesus begegnet. Es wundert mich, wie die meisten Menschen so sicher sind, sie könnten vor Gott bestehen, wo sogar solch ein Mann, wo ein Abraham und ein Mose als Sünder vor Gott dastehen. Wenn es so ist – wo wollen wir dann bleiben?! Ja, wo wollen wir bleiben?

Ich will es euch sagen: Unter dem Kreuz Jesu, wo Sünder Gnade und Vergebung finden können. Dorthin lasst uns gehen! Dort lasst uns bleiben!

## 2. Nun geht es um die letzte Entscheidung

Kürzlich las ich ein Buch des Düsseldorfer Dichters Herbert Eulenberg. Da trat mir so klar wie selten das Weltgefühl des modernen Menschen entgegen. Er schildert einen strahlenden Sommertag. Indem er sich nun ganz der atmenden Natur überlässt, weiß er sich eins mit Gott. Das heißt: Man sieht die Welt und Gott in harmonischer Einheit.

Die Weltanschauung der Bibel ist total anders. Da tritt Gott der Welt gegenüber. Hier steht der Schöpfer – und dort Sein Werk. Und dies Werk steht Ihm seit dem Sündenfall feindlich gegenüber. Die Bibel sieht es so: Welt und Gott – das sind zwei Heerlager, durch eine Kluft getrennt. Von dem Lager Gottes nun ist in unendlichem Erbarmen der Sohn Gottes ausgegangen, um einige aus dem verderblichen Weltlager heraus zu erretten und auf Gottes Seite zu holen.

Man muss sich das klarmachen, um zu verstehen: Nun muss ja eine Begegnung mit Jesus zu einer erschütternden Entscheidung werden: ob man ganz auf Gottes Seite treten will – oder ob man bei der Welt stehen bleiben will. Der junge Mann im Text war ein »guter Mensch« in unsern Augen. Er glaubte an Gott, er hatte Religion. War das nicht genug?

»Nein!« sagt ihm Jesus. »Lasse deinen Besitz!« sagt Er ihm. – »Du kannst nicht? Siehst du! Du stehst ja auf der Seite der Welt und nicht auf der Seite Gottes!«

Ich muss nun etwas sehr Wichtiges zu diesem Text sagen: Der Herr Jesus hat nicht allen Menschen die Forderung gestellt: »Verlasse alles!« Er hat sie gestellt dem Franz von Assisi. Und so wurde dieser der arme, frohe, selige Mann. Und Jesus hat diese Forderung gestellt dem Petrus Waldus, dem Begründer der Waldenser Gemeinden. Doch nicht jedem stellt Jesus diese Forderung. Er behandelt die

Menschen verschieden. Aber eins geschieht einmal in jedem Leben, das Jesus begegnet: die Forderung: »Ich will dich ganz auf Gottes Seite holen.« Und das ist für unser Leben ein furchtbarer Bruch. Da muss man alle Wurzeln herausreißen lassen aus dem alten Boden und es ganz mit Gott wagen.

Das ist gewaltig schwer. Und doch – gewaltig schön.

### 3. Nun wird die Krankheit der Seele aufgedeckt

»Was fehlt mir noch?« fragte der junge Mann. So fragen wir den Arzt: »Was fehlt mir?«

Jesus ist ein guter Arzt. Er stellt eine sichere Diagnose. »Eins fehlt dir!« Das ist nicht viel. Und doch …! Ich hörte von einem Mann, der am Herzschlag starb. Er war sonst kerngesund. Es fehlte ihm nur eins. Aber dies Eine genügte zum Verderben.

Wenn wir von unserm geistlichen Zustand reden, dann sehen wir gewöhnlich darauf, wo es uns »nicht fehlt«. Das ist eine gefährliche Sache. Und das ist nun das Entscheidende bei einer Begegnung mit dem Herrn Jesus, dass Er den Finger darauf legt, wo wir krank sind, wo es uns fehlt, wo der Schade liegt.

Bei diesem Jüngling war es der »irdische Sinn«, vor dem uns Gottes Geist im Philipperbrief so ernst warnt. Es ist bei uns vielleicht etwas anderes: Sorgengeist oder Ichsucht oder Streit oder Unehrlichkeit oder Unkeuschheit. O, es ist sehr bitter, wenn der Herr Jesus unsern Schaden aufdeckt. Aber Er tut es, um uns vom ewigen Verderben zu erretten. Ja, tatsächlich! Darum geht es. Und wir dürfen gewiss sein, dass Er der Arzt ist, jeden Schaden zu heilen. Darum sagt Er zu uns – wie zu dem Jüngling: »… und folge mir nach!«

*»Da er aber das hörte, ward er traurig; denn er war sehr reich.«*
Lukas 18,23

Das ist ja ein unerhörter Satz – unser Textwort! Das ist wieder einmal ein Satz, wie er nur in der Bibel stehen kann. Wenn es hieße: »Er war fröhlich, denn er war sehr reich« – das könnten wir verstehen. Aber umgekehrt …?! Und so fragen wir den »reichen Jüngling« unseres Textes:

## »Warum so traurig?«

### 1. Er hat eine falsche Entscheidung getroffen

Da hatte der Herr Jesus sich mit einem vornehmen jungen Mann in ein Gespräch eingelassen über die Frage: »Wie kann man das ewige Leben ererben?« Und im Verlauf dieses Gesprächs hatte Jesus auf einmal »scharf geschossen«. Er hatte gesagt: »Dein Herz ist ja gefangen in deinem Reichtum. Ich allein kann dir das ewige Leben schenken. Aber – du musst wählen zwischen deinem Geld und mir. Verkaufe, was du hast, und gib's den Armen, und folge mir nach!«

Eine entsetzlich schwere und furchtbar folgenreiche Entscheidung! Der junge Mann entschied sich – für das Geld. Aber – er ging traurig davon. Denn er wusste genau: »Ich habe falsch gewählt.«

Und damit kommen wir an eine wichtige Sache: Unser aller Leben kommt je und dann auf solche Höhepunkte, wo wir eine Entscheidung treffen müssen, die unser Leben bestimmt, eine Entscheidung, von der nicht nur unser zeitliches, sondern sogar unser ewiges Schicksal abhängt. In wenige Tage, ja oft in Minuten drängt sie sich zusammen, diese Entscheidung, die in jedem Fall »herzzerreißend« ist.

Ich las den Roman »Der Starost« von W. Bergengruen. Da wird erzählt von dem Sohn eines kurländischen Gutsbesitzers, der in die Hände einer Schauspielerin gerät und mit ihr nach Petersburg flieht. In das Leben voll Taumel und Glanz kommt ein Brief des Vaters. Eine erschütternde Szene, wie das Bild des Vaters vor dem Sohn aufsteht. Und der Brief ist so, dass sogar die Kurtisane sagt: »Du musst nach Hause gehen!«

Ein kurzer Kampf – dann entscheidet sich der Sohn für das Mädchen. Der Rest ist klar: Er ist »verdorben, gestorben«.

In unserm Text handelt es sich um mehr: Der himmlische Vater wirbt in Jesus um uns in unendlicher Liebe. Um den Heiland, um den Erlöser, der für uns stirbt – um den geht es. Der reiche Jüngling möchte gern zwei Götter haben: den Heiland und den Mammon. Das wird ihm nicht erlaubt. So kommt er in die herzzerreißende Entscheidung. Keiner entgeht solchen Entscheidungsstunden. Der »reiche Jüngling« wählte falsch. Das ist furchtbar! Gott helfe uns durch! Da muss man schreien und beten: »Du musst ziehen, / mein Bemühen / ist zu mangelhaft ...«

## 2. Er geht aus dem Licht in die Finsternis

Da steht Jesus, der Sohn des lebendigen Gottes. Er hat gesagt: »Ich bin das Licht der Welt.« Nicht ein Licht unter vielen anderen, sondern »das einzige Licht«.

Glaubt hier jemand, dass Jesus lügt oder über-

treibt? Nein! Nun, dann muss es – wenn Jesus das Licht ist – um so finsterer um uns und in uns werden, je weiter wir uns von Jesus entfernen.
Der »reiche Jüngling« ging von Jesus weg. Ein Weg in die Nacht! Gewiss, er war reich, er konnte sich diese Nacht durch tausend Kerzen erhellen. Aber – Kerzen verlöschen. Und dann ist es nur um so dunkler. Und am Ende bleibt die Nacht der Sünde, die Nacht des Todes und das ewige Gericht.
»Er ward traurig«! O ja, sein Weg war ein Weg in dunkle Nacht. Denn nur bei Jesus ist Licht, Freude, Leben, Kraft, Friede, Schönheit und Würde. Ja, »Schönheit und Würde«. – Manche entsinnen sich dieser beiden Worte. Als 1918 die Revolution ausbrach, versprach man dem deutschen Volk ein Leben in »Schönheit und Würde«. Hitler hat darüber gespottet und versichert, nur er könne es geben. Wir haben's erlebt. Schön war es nicht und würdig auch nicht.
O armes, tausendmal betrogenes Volk! Jesus ist das Licht der Welt. Nur bei Ihm gibt es ein Leben in Schönheit und Würde, auch wenn man so arm ist, wie es Jesus dem reichen Jüngling zu werden vorschlug.
Ich denke da an eine ganz besondere Stunde zurück. Es war während des Krieges. Wir

hatten uns zu einer Bibelstunde zusammengefunden. Da kam ein entsetzlicher Angriff. Wir standen in dem Keller, der nur schwachen Schutz gewährte. Von der Straße hatten sich viele dazugefunden, so dass ein großes Gedränge herrschte. Und dann verlöschte das Licht. Und das Grauen umfing uns.

Da sangen wir Jesus-Lieder. Wir beteten zusammen. Ich sagte laut Gottesverheißungen. Es wurde eine gewaltige, heilige Stunde, wo Jesus selbst spürbar unter uns war. Und das wurde so herrlich, dass sich ein Mann zu mir beugte und erschüttert sagte: »Ich möchte jeden Angriff in der Gemeinde Jesu erleben.« Wir standen in der Hölle – und doch war die Stunde so erfüllt von Herrlichkeit, dass mir die Tränen kommen, wenn ich daran denke.

Es gibt Leute, die meinen, eine Bekehrung sei so, wie wenn man aus dem hellen Leben in einen dunklen Keller kriecht. Umgekehrt ist es! Wer sich zu Jesus bekehrt, kommt aus dem dunklen Keller in hellen Sonnenschein. Eine Bekehrung ist ein Schritt ins Licht.

### 3. Er wird das nagende Gewissen nicht mehr los

Ehe der »reiche Jüngling« dem Herrn Jesus begegnete, war er überzeugt: »Ich habe alle Gebote erfüllt.« Aber nun hat ihm Jesus gezeigt, dass er das erste Gebot beständig übertritt. Sein Besitz ist sein Gott. Und als er davongeht, hat er einen trüben Begleiter erhalten, der ihn bis zum Tod nicht mehr verlassen wird: sein Gewissen, das immerzu sagt: »Du bist auf dem Weg des Todes und nicht des Lebens.«

Von dem spanischen König Philipp II. wird erzählt, er habe immer seinen Beichtvater und zwei Mönche bei sich schlafen lassen. Er konnte vor Gewissensunruhe nicht mehr allein sein.

Ein moderner Mann! Denn heute gibt es auch Millionen, die nicht allein sein können, weil ihr Gewissen ihnen sonst zu laut sagt: »Du bist nicht auf dem schmalen Weg, der zum Leben führt!«

O, dies nagende Gewissen! Ein Maler wollte das Gewissen malen. Und da malte er ein fliehendes Pferd, das von einem Hornissenschwarm verfolgt wird. Darunter schrieb er: »Frustra curris!«, d.h. »Du läufst umsonst!« Der »reiche Jüngling« konnte laufen, wohin er wollte – er wurde das nagende Gewissen nicht los. Halt! Doch – einen einzigen Weg gab es für ihn und gibt es auch für uns: Zurück zum Herrn Jesus! Bei Ihm erfahren wir: »Ruhe fand hier mein Gewissen, / denn sein Blut – o reicher Quell! – / hat von allen meinen Sünden / mich gewaschen rein und hell.«

*»Da aber Jesus sah, dass er traurig war geworden, sprach er; Wie schwer werden die Reichen in das Reich Gottes kommen!«*
Lukas 18,24

Ein wirklich seltsames Bibelwort fand ich im Buch des Propheten Jesaja: »Fürchtet ihr euch nicht also, wie sie tun!« Da steht nicht, dass die Gemeinde des Herrn sich gar nicht fürchten soll. Nein, das steht hier nicht! Sondern dass sie sich anders fürchten soll als die Welt.

Es zogen eines Tages – so berichtet das vorhergehende Kapitel des Jesaja – die Syrer mit großer Heeresmacht gegen Israel heran. »Da bebte das Herz des Königs und das Herz seines Volkes, wie die Bäume im Walde beben vom Wind.« Aber nun tritt der Prophet Jesaja dem König entgegen und ruft: »Sei still; fürchte dich nicht, und dein Herz sei unverzagt vor diesen qualmenden Löschbränden! Denn also spricht der Herr …!« Und nun kommen herrliche Trostworte.

Wie ist diese kleine Geschichte wichtig für uns! Bei uns ist ja auch so viel Furcht. Das brauche ich gar nicht auszuführen. Aber der Herr selbst, der starke Gott, ruft den Seinen zu: »Fürchtet euch nicht!« Das ist herrlich!

Braucht die Gemeinde des Herrn sich nun gar

nicht zu fürchten? Doch! Sie fürchtet das, was die Welt nicht fürchtet. Wie wünsche ich uns diese heilige Furcht! Unser Text kann sie uns lehren. Wir machen

## Drei erschreckende Beobachtungen

### 1. Ein Mann, für den Jesus keinen Trost hat

Das Alte Testament ist voll mit Verheißungen für die Heilszeit, die mit dem Kommen des Heilandes anbricht. Und da betont das Alte Testament immer wieder: Mit dem Heiland kommt der Trost Gottes in die Welt.

So lesen wir in Jesaja 40: »Tröstet, tröstet mein Volk!« In Jesaja 66 verspricht der Herr: »Ich will euch trösten, wie einen seine Mutter tröstet.« Und in Jeremia 31 lesen wir: »Ich will sie trösten und sie erfreuen nach ihrer Betrübnis.«

Als der Sohn Gottes dann kam, war eins Seiner ersten Worte auch wieder ein Trostversprechen: »Selig sind, die da Leid tragen, denn sie sollen getröstet werden.«

Und nun müsst ihr einmal das Leben des Herrn Jesus ansehen! Ströme von Trost gehen von diesem Heiland aus: Den Aussätzigen, vor dem sich alle ekeln, berührt Er und heilt ihn. – Der weinenden Mutter, die unter dem

Tor von Nain ihren toten Sohn beklagt, sagt Er: »Weine nicht!« Und Er schenkt ihr ihren Sohn wieder. – Dem sinkenden Petrus reicht Er die Hand und zieht ihn aus den Wellen. – Die beschmutzte Dirne, die verzweifelt, bringt Er zurecht: »Dir sind deine Sünden vergeben.« – Noch am Kreuz tröstet Er Seine weinende Mutter und öffnet dem verlorenen Schächer die Tore des Paradieses. – Für alle hat Er Trost: für die Furchtsamen, für die Weinenden, für die Sünder, für die Verachteten. Und ich möchte alle recht auffordern: Erquickt euch doch stündlich an dieser Quelle des Trostes!

Und doch – einen einzigen Fall gibt es, wo Jesus für einen betrübten Menschen keinen Trost hat. Der reiche junge Mann unseres Textes geht betrübt von Jesus. Jesus sieht seine Traurigkeit und – sagt ihm kein Wort mehr. Für diesen einen hat Er keinen Trost. Ist das nicht erschreckend? Denn so könnte ja unsere Geschichte werden.

Was ist das für einer, den Jesus nicht trösten kann? Das ist ein Mann, der einer ganzen Bekehrung zum Herrn aus dem Weg geht. »Wer sich nicht ganz dem Herrn will geben, / der führt ein wahres Jammerleben« (denn für ihn hat selbst der erbarmende Heiland in Zeit und Ewigkeit keinen Trost). Drum: »Brich durch, es koste, was es will, / sonst wird dein armes Herz nicht still.«

## 2. Eine enge Pforte, die um keinen Preis weiter gemacht wird

Der Herr Jesus hat dem jungen Mann klipp und klar gesagt: »Du musst mit deinem Götzen, mit deinem Besitz brechen. Komm und folge mir nach!«

Da sagte dieser kein Wort mehr und ging traurig davon. In unserm Text heißt es: »Da aber Jesus sah, dass er traurig geworden war ...« Nach meinem Verstand müsste es nun weitergehen: »... da rief Er ihn zurück und sagte: Wir wollen noch einmal darüber sprechen. Vielleicht kann ich mir für dich einen leichteren Weg ausdenken.« – Aber so steht hier nicht. Jesus lässt ihn gehen.

Ich bin überzeugt: Die Jünger waren entsetzt. »Nun stößt Er ausgerechnet diesen wichtigen Mann so vor den Kopf! So kann Seine Sache nichts werden.«

Man kann das alles nur verstehen, wenn man ein sehr wichtiges Wort des Herrn aus der Bergpredigt kennt: »Gehet ein durch die enge Pforte. Denn die Pforte ist weit, und der Weg ist breit, der zur Verdammnis abführt. Und viele sind ihrer, die darauf wandeln. Und die

Pforte ist eng, und der Weg ist schmal, der zum Leben führt. Und wenige sind ihrer, die ihn finden.« »Die Pforte ist eng.« Mit seinem irdischen Sinn kommt der junge Mann nicht hindurch. Aber die Pforte wird seinetwegen nicht weiter gemacht.

Dies ist ein Wort, das der natürliche Mensch von Herzen hasst. Ich erinnere mich, dass ich einst ein Gespräch hatte mit einer gebildeten alten Dame. Sie hatte sich eine moderne Allerweltsreligion zurechtgemacht. Ich bat sie, sie möge doch den Sohn Gottes, den für uns gekreuzigten Heiland der Sünder, ergreifen. Da sagte sie lächelnd: »Der ist nicht so engherzig wie Sie. Der hat gesagt: ›In meines Vaters Hause sind viele Wohnungen.‹ Da finden wir alle unseren Platz.« Ich musste ihr erwidern: »Ja, aber der Weg zu diesen vielen Wohnungen geht nach Seinen eigenen Worten nur durch die enge Pforte.«

Hiller singt: »Vielen fehlet oft nicht viel, / dennoch werden sie nicht Christen, / denn der Satan treibt sein Spiel / mit Vernunft und eitlen Lüsten. / So fährt ihr betäubter Sinn / elend ohne Jesus hin. / Gib mir, dass mir künftighin / weder viel noch wenig fehle, / bis ich ganz gewonnen bin, / und die nun ergriffne Seele / sich mit völligem Entschluss / frei für dich erklären muss.«

## 3. Eine unerhörte Redeweise

Es ist noch nicht lange her, da war es bei uns so: Die bürgerlichen Leute waren »gut kirchlich«. Und die armen Leute waren Freidenker. Und es gibt heute noch viele, die meinen, so sei es in Ordnung.

Wie schlägt Jesu Wort dem ins Gesicht: »Wie schwer werden die Reichen in das Reich Gottes kommen.« Wir meinen doch: Reichtum und Einfluss öffnen jede Tür. Nun, es mag in der Welt so sein. Aber das müssen wir wissen: Reichtum und Einfluss öffnen nicht die Tür ins Reich Gottes. Im Gegenteil: Jesu Wort sagt: Sie können den Eingang verriegeln.

Wir werden darüber noch mehr zu reden haben. Hier möchte ich euch nur noch auf eines aufmerksam machen: Dies eine Wort Jesu zeigt, dass die breite Masse ganz falsche Vorstellungen vom Evangelium hat. Man meint: Wer mit Not und Armut ringen müsse, der könne schlecht glauben. Jesus sagt es umgekehrt.

Der Sohn Gottes hat sich in Seinen Erdentagen an die Elenden und Geringen, an die Betrübten und Zerschlagenen gewandt. Bei denen aber, deren Gott »Mammon« hieß, fand Er verschlossene Herzen.

*»Es ist leichter, dass ein Kamel gehe durch ein Nadelöhr, denn dass ein Reicher in das Reich Gottes komme.«*
Lukas 18,25

Ein unerhörtes Wort! Wer kann es fassen?!
Während des Krieges traf ich im Krankenhaus einen Mann, der sich mit allen Kräften dagegen wehrte, entlassen zu werden. Ich fragte ihn, warum er nicht fort wolle. Da erzählte er mir, er müsse in einer Pulverfabrik arbeiten. Das sei sehr gefährlich, und seine Nerven seien der Gefahr nicht mehr gewachsen.

Ich verstand den Mann so gut. Denn ein Prediger des Evangeliums geht eigentlich auch immer mit Dynamit um. Gottes Wort ist Dynamit. Selbst der große Prophet Jeremia spricht davon, dass er es manchmal fast nicht mehr ertragen habe, dies Wort Gottes zu sagen.

Es besteht dann die große Gefahr, dass wir Prediger aus diesem Dynamit eine harmlose Vitamintablette machen. Dass wir das scharfe Schwert des Wortes Gottes in ein stumpfes Küchenmesser verwandeln.

Wir merken alle: Unser Text ist solch ein Dynamitwort. Gott helfe, dass es an uns seine Kraft erweise! Begreifen werden es allerdings nur die, welche gern selig werden möchten. Darum überschreiben wir unsere Predigt:

# Willst du in das Reich Gottes kommen?

## 1. Dann musst du dies Wort auf dich beziehen

In unserm Jugendkreis machten wir früher gern Speerspiele. Da hatten manche Jungen eine fabelhafte Gewandtheit, einen Speer, der gegen sie heransauste, mit ihrem Speer abzufangen und beiseite zu schleudern. Dann schoss der gefährliche Speer haarscharf an ihnen vorbei. So machen wir es gern mit dem Wort Gottes.

Hier im Text ist von den »Reichen« die Rede. Da könnte ich ja nun einmal eine große Rede gegen den Kapitalismus loslassen. Im Zeitalter des Sozialismus würde ich mir gewiss viele Freunde damit erwerben.

Aber da würde mein Herr Jesus Christus mich fragen: »Kennst du nicht die Geschichte von den zwei Brüdern, die sich nicht einigen konnten über die Verteilung ihres Besitzes? Da kam der eine zu mir und bat, ich möge ein Wort dazu sagen. Ich aber habe ihn abgewiesen: ›Wer hat mich zum Erbschlichter über euch gesetzt?‹«

Der Heiland sagt: »Eher geht ein Kamel durch ein Nadelöhr, als dass ein Reicher in das Reich Gottes komme.« Und nun geschieht etwas Seltsames. Die Jünger hätten doch jetzt rufen müssen: »Fein! Dann kommen wir also ins Reich Gottes. Denn wir sind ja arm, bettelarm.« Das sagen sie aber nicht. Sondern sie erschrecken und fragen entsetzt: »Wer kann denn dann selig werden?« Der Speer hatte sie getroffen. Ja, wie denn?

Eine kleine Geschichte soll es klarmachen. Ich machte einst im Krankenhaus Besuche. In einem größeren Saal bezeugte ich das Evangelium von dem Heiland der Sünder. Aber die Männer hörten mich gar nicht an. Sie legten los von der Ungerechtigkeit in der Welt – und dass es einigen so gut ginge und ihnen so schlecht – und Gott solle das erst mal ändern … Da habe ich ihnen gesagt: »Die Reichen hören das Evangelium nicht, weil sie besessen sind von dem Geld, das sie haben. Ihr hört es nicht, weil ihr besessen seid von dem Besitz, den ihr nicht habt und gern haben möchtet. Ihr habt denselben Geist – Reiche und Arme.« Das meint Jesus: Wir sind alle irdisch gesinnt. Wir alle halten den Besitz für das Wichtigste. Wir alle gieren nach ein paar Bröcklein von den Gütern der Welt. Das füllt uns aus. Und unsre himmlische Berufung ist uns gering dagegen. So aber kommen wir nicht ins Reich Gottes.

## 2. Du musst klein werden

Vor kurzem hörte ich, wie ein paar junge Männer von einem Freund sprachen. Und da sagte einer: »Der ist ja nun ein großes Tier geworden!«

»Ein großes Tier«! Wir alle kennen diesen Ausdruck. Und er kann uns helfen, dies Wort Jesu zu verstehen. Jesus sagt: »Eher geht ein Kamel durch ein Nadelöhr, als dass ein Reicher in das Reich Gottes komme.«

Ein Kamel geht nicht durch ein Nadelöhr. Denn es ist »ein großes Tier«. – Da war ein junger Mann zu Jesus gekommen. Der wollte in das Reich Gottes. Der war in jeder Hinsicht ein »großes Tier«. Er war reich, er war mächtig. Und er war in seinen eigenen Augen voll guter Werke und voll Frömmigkeit. Jesus sagt ihm: »So ein großes Tier geht nicht durch die enge Pforte durch.« In unseren eigenen Augen sind wir alle groß. Sogar von den lieben Jüngern wird uns berichtet, dass sie gerade kurz vor diesem Wort Jesu sich gestritten hatten, wer der Größte unter ihnen sei. Solange wir so gesinnt sind, können wir nicht durch die enge Pforte kommen.

Es kann aber geschehen, dass ein Mensch eine ganz andere Ansicht über sich selbst bekommt.

Der große und berühmte Paulus sagt von sich, früher sei er »ein großes Tier« gewesen in seinem Volk. Da habe er eine große Rolle gespielt und auch an Gesetzeserfüllung alle übertroffen. Nun aber könne er von sich nur sagen, er sei unter allen Sündern der größte, und er lebe nur vom Erbarmen Gottes in Jesus.

Wenn ein Schneemann von der Sonne beschienen wird, dann schrumpft er zusammen. Und wenn ein stolzes Herz in das Licht Gottes kommt, dann wird es ganz klein, ganz arm. Und wenn man gar unter Jesu Kreuz kommt, da geht einem auf: Wie groß ist die Last meiner Schuld, dass mein Heiland so dafür leiden muss! Da verzagt man ganz und gar an sich. Da sieht man nur noch sein Herzenselend. Und auf einmal ist man so klein geworden, dass man durch die enge Pforte hindurchkommt. Denn nur die zerschlagenen Gewissen, die zerbrochenen Herzen kommen durch die enge Pforte ins Reich Gottes.

Darum ist die Erziehung Gottes an uns darauf angelegt, dass wir klein werden und gering.

### 3. Du musst deinen Götzen aufgeben

Da kam also dieser »Oberste« zu Jesus und wollte in das Reich Gottes. Jesus sagt ihm: »Halte die Gebote.« Jubelnd erwidert er: »Die habe ich gehalten von meiner Jugend an.« Dazu schreibt Luther: »Da lasst alle Glocken läuten! Aber Jesus kennt den Gesellen wohl. Darum sagt Er: Verschenke deinen Reichtum! Da findet sich's im Kehricht, wem der Schuh gehört. Da kann man dann sehen, ob du Gott über alles stellst und deinen Nächsten liebst wie dich selbst.«

Der Oberste ging davon. Es wurde offenbar: Sein Gut war sein Gott. Luther sagt: »Des Menschen Herz muss einen Gott haben, das ist etwas, worauf es seinen Trost setzt, darauf es sich verlässt, damit es seine Freude und sein Spiel hat. Nun muss es entweder den rechten Gott oder einen falschen Gott haben.«

Der falsche Gott ist ein Götze. Und solange wir nicht brechen mit unserm Götzen, kommen wir nicht durch die enge Pforte in das Reich Gottes.

Was ist dein Götze? Dein Vergnügen? Dein Besitz? Ein Mensch? Deine Ehre? Der später so gesegnete Prof. Kähler hat als Student seine wundervollen Gedichte verbrannt, als er merkte, dass die Freude am Schönen zu diesem Götzen wurde.

Ich kann nur sagen: Jesus ist es wert, dass wir Seinetwegen alle Götzen aufgeben.

*»Da sprachen, die es hörten: Wer kann denn selig*

*werden? Er aber sprach: Was bei den Menschen unmöglich ist, das ist bei Gott möglich.«*
Lukas 18,26-27

Vor Jahren machte ich mit meinem Bruder eine Wanderung über den Gotthard-Pass ins Tessin. Damals war die breite Autostraße über den Gotthard noch nicht gebaut. Unser Weg ging in eine wilde Felsenschlucht hinein. Kein Sonnenstrahl drang in die Tiefe. Immer unheimlicher wurden die Felswände. Oft sah es aus, als müsse der Weg zu Ende gehen. Ja, schließlich führte der Weg in einen Felstunnel hinein. Und dann war es auf einmal nur ein einziger Schritt – und man stand in dem unbeschreiblich lieblichen Hochtal von Andermatt. Ringsum Sonnenschein und Blütenwiesen.

So etwas gibt es auch im geistlichen Leben. Es ist nur ein Schritt aus der Unruhe in den »Frieden, der höher ist als alle Vernunft«; aus der finsteren Welt der Sünde und Gebundenheit in den Sonnenschein der Gnade; aus dem fruchtlosen Ringen und Suchen des Herzens zum heilsgewissen Glauben, der in der Versöhnung Jesu Christi ruht.

Nur ein Schrift ist es und doch – der Durchbruch vom Tod zum Leben. Von diesem Durchbruch redet der Herr Jesus in unserm Text.

# Der Durchbruch

## 1. Er ist kein Kinderspiel

»Wer kann denn selig werden?« fragen erschüttert in unserm Text die Jünger.

Hier wird deutlich, dass wir uns mit Problemen beschäftigen, die einem Weltmenschen gar kein Kopfzerbrechen machen. Diese Frage kommt gar nicht an ihn heran. Und wenn sie ihn doch einmal streift, dann beruhigt er sich schnell: »Mir kann's nicht fehlen. Ich tue recht und scheue niemand.«

So haben die Jünger auch einmal gedacht. Aber nun sind sie aus dieser falschen Sicherheit in bestürzender Weise herausgerissen worden. Was war denn geschehen?

Nachdem der reiche Jüngling mit großer Überzeugung erklärt hatte, dass er alle Gebote Gottes von Jugend auf befolge, ging die Geschichte sehr traurig weiter.

Der Herr Jesus hatte mit schwerstem Geschütz eine Bresche geschossen in die Sicherheit des Mannes und gesagt: »Dann brich mit deinem Götzen, gib deinen Besitz weg und folge mir nach!« Nach diesen Worten war der Mann schweigend, empört und traurig davongegangen. Und wir können uns seine Geschichte

nach dem, was die Bibel erzählt, weiter ausdenken. Erlaubt mir, dass ich das tue:
Es war ein halbes Jahr später, da stand Jesus vor dem Hohen Rat, der tumultartig schrie: »Er ist des Todes schuldig!« Dann spien sie Ihm ins Angesicht und schlugen Ihn mit Fäusten. Und – wenn ich mich nur ein wenig verstehe auf des Menschen Herz – dann war der wildeste unter ihnen dieser junge Mann.
Er stand am Tag darauf unter dem Kreuz Jesu und verhöhnte mit den andern den Mann mit der Dornenkrone.
Und er war dabei, als man den Kriegsknechten Geld gab, damit sie die Auferstehung Jesu verschweigen und verleugnen sollten.
»Ja, wer kann denn selig werden?« so möchte man jetzt wohl fragen, wenn es sogar diesem ernsten und frommen jungen Mann, der sich nach dem ewigen Leben ausstreckte, so missriet. Da wird es deutlich: Der Durchbruch ins Reich Gottes ist kein Kinderspiel.

## 2. Er ist kein Menschenwerk

Als der »reiche Jüngling« traurig von Jesus wegging, hatte Jesus hinter ihm her gesagt: »Eher kommt ein Kamel durch ein Nadelöhr, ehe ein Reicher ins Reich Gottes kommt.«
Bei diesen Worten wankte den Jüngern der

Boden unter den Füßen. Schließlich hing doch ihrer aller Herz an irgend etwas. Wer war denn imstande, solche Forderungen zu erfüllen? Und so fragten sie erschüttert: »Wer kann denn selig werden?«

Nun sollte man meinen, der Herr Jesus würde sie jetzt ein wenig trösten. Aber nichts dergleichen! Wenn Er bisher noch von einer entfernten Möglichkeit gesprochen hat, dass der Mensch den »Durchbruch« erzwingen kann, so sagt Er nun: »Bei Menschen ist es unmöglich.« Das ist ein ungeheurer Satz. Er sagt: Den letzten entscheidenden Schritt in das Reich Gottes hinein können wir nicht tun. Es könnte sein, dass ein Weltmensch diesen Satz des Herrn Jesus für sehr tröstlich hält und nun sagt: »Da kann ich also alle Dinge laufen lassen. Ein Durchbruch in das Reich Gottes ist mir ja unmöglich gemacht. Er ist allein Gottes Werk.« Wer es sich so bequem macht, dem ist das Evangelium »ein Geruch des Todes zum Tode« geworden. Nein, der Herr Jesus spricht zu Seinen Jüngern, zu Leuten, die sich ernsthaft nach dem ewigen Leben ausstrecken. Und mit solchen Leuten führt es Gott dahin, dass sie eines Tages verzweifelt merken müssen: Ich kann nicht durchbrechen in das Reich Gottes. Sie wollen glauben – und ihr Glaube ist nicht einmal wie ein Senfkorn. Da lernt man es unter tausend Schmerzen: Der Durchbruch in das Reich Gottes ist nicht Menschenwerk. Aber er ist Gottes Werk.

»Wie lang hab ich mühvoll gerungen, / geseufzt unter Sünde und Schmerz. / Doch als ich mich ihm überlassen, / da strömte sein Fried' in mein Herz. / Sein Kreuz bedeckt meine Schuld, / sein Blut macht hell mich und rein. / Mein Wille gehört meinem Gott, / ich traue auf Jesum allein.« Es gibt ein Lied von Zinzendorf, da heißt der letzte Vers: »Herr Jesu, könnten wir's auf allen Dächern: / Wir machten alle Heiligen zu Schächern.« Das ist ein verblüffender Vers. Mir sagte einmal jemand: »Sie haben als Jugendpfarrer doch die schöne Aufgabe, die jungen Leute zum Guten anzuhalten.« Ach ja, so stellt man sich gemeinhin die Aufgabe eines Predigers vor, dass er aus Schächern Heilige machen soll. Der Herr Jesus aber meint es umgekehrt. Das Evangelium macht Leute, die sich einbilden, sie könnten sich selber in das Reich Gottes hineinbringen, zu Schächern und Sündern, die in sich keine Kraft mehr finden, die keine Spur der Gerechtigkeit vor Gott haben und die nur noch seufzen können: »Herr, tue Du an mir das Wunderwerk des Durchbruchs!«

## 3. Er ist wie ein Wunder

»Was bei Menschen unmöglich ist, das ist bei Gott möglich.« Ich kenne einen jungen Mann, der gern dem Herrn gehören wollte. Er hatte den Ruf Jesu gehört und folgte Ihm von Herzen nach. Aber von der Stunde an war es, als wenn auch die Sünde in unheimlicher Weise in seinem Leben mächtig würde. Mannhaft hat er gegen Fleisch und Blut angekämpft. Aber über all diesem Ringen wurde er schließlich ganz verzagt und verzweifelt.

Da ging er einst in den Ferien mit seinem Testament auf eine einsame Bergeshöhe. Dort stieß er auf dies Wort: »Was bei Menschen unmöglich ist, das ist bei Gott möglich.« Da streckte er alle Waffen vor Gott und schrie: »Herr, dann tue an mir das Wunder und bringe mich durch die enge Pforte durch!« Heute ist er ein Mensch, der bezeugt, dass Gott Wunder tut.

*»Da sprach Petrus: Siehe, wir haben alles verlassen und sind dir nachgefolgt.«*
Lukas 18,28

Es ist eine köstliche Szene, die uns 1.Samuel 17 erzählt wird: Da steht der Hirtenknabe David vor dem König Saul im Lagerzelt. Von fern hört man den Riesen Goliath schreien, der den Gott Israels verhöhnt.

»Du willst mit diesem Riesen kämpfen?« sagt lächelnd der König. »Nein! Das kannst du nicht!«

Da reckte sich der Hirtenjunge und berichtet: »Als ich einst meine Herde hütete, kam ein Löwe und raubte ein Lamm. Ich eilte ihm aber nach und schlug ihn und rettete mein Lamm. Und genau so erging es mir mit einem Bären. Der Gott, der mich von dem Löwen und dem Bären errettet hat, der wird mir auch gegen diesen Philister beistehen.«

Ein schlichter Hirtenjunge ist es, der so spricht. Aber er weiß schon zu berichten von Erfahrungen mit Gott. O, es ist etwas Schönes, wenn Christenleute von ihren geistlichen Erfahrungen erzählen!

Auch in unserm Text geschieht so etwas. Petrus, der Jünger Jesu, schaut hier zurück auf sein Leben.

# Ein Jünger spricht von seinem Leben

## 1. Das entscheidende Ereignis

Der Fischer Petrus war nicht mehr der Jüngste. So hätte er sicher viel erzählen können aus seinem

Leben, von Abenteuern auf der See, von allerlei Begegnungen mit Menschen. Und was hatte er nicht alles mit dem Herrn Jesus erlebt! Ja, der Petrus war ein Mann, der viel erzählen konnte.

Aber in unserm Text greift er nur ein einziges Erlebnis, das entscheidende seines Lebens, heraus: »Wir haben alles verlassen, Herr Jesus, und sind dir nachgefolgt.« Es war allerdings ein besonderer Anlass vorhanden, gerade davon zu reden. Denn wenige Minuten vorher hatten die Jünger es erlebt, wie ein Mann von Jesus berufen wurde und wie dieser junge Mann dem Ruf nicht folgte. Es war ein erschütternder Augenblick, wie dieser junge Mann wegging, der die Welt lieber hatte als seinen Heiland. Und da erinnerte sich Petrus, wie es in seinem Leben war: »Wir haben alles verlassen und sind dir nachgefolgt.«

Können wir eigentlich auch schon so sagen? Es ist so wichtig, dass es in unserm Leben zu solch einer klaren Entscheidung kommt. Mit ein bisschen Religion kann man das ewige Leben nicht ererben. Ein Glaube an den »Herrgott« ist nicht Friede mit Gott. Es kommt alles darauf an, dass wir eine klare Entscheidung fällen für unseren Erlöser.

Und gründlich muss diese Entscheidung sein. Als der Petrus das sagte: »Wir haben alles verlassen ...«, da stand einer dabei, dem in diesem Augenblick sicher ein Stich durchs Gewissen ging. Das war der Judas. Ja, er war Jesus wohl nachgefolgt. Aber – »alles verlassen«? In seiner Tasche brannte das gestohlene Geld. Hier stand einer, bei dem es zu keiner gründlichen Bekehrung gekommen war.

»Wir haben alles verlassen und sind Jesus nachgefolgt.« Wir wollen den Petrus fragen: »Warum habt ihr das getan?« Da wird er keinen Augenblick mit der Antwort zögern: »Wir haben geglaubt und erkannt, dass dieser ist Christus, der Sohn des lebendigen Gottes.«

Wenn wir heute die vielen kulturellen Bestrebungen ansehen – wenn wir die zahlreich erscheinenden Jugendzeitschriften lesen – wenn wir von neuen Schulprogrammen hören – immer drängt sich jedem tiefer Blickenden der Eindruck auf: Das ist ja alles gut gemeint. Aber es fehlt diesem allem die tragende, entscheidende Mitte, von wo aus ein Leben und eine Welt neu aufgebaut werden können. Ich wüsste nicht, wo anders wir eine »Mitte« für unser Leben finden könnten als in dem Sohn Gottes, dem Heiland.

## 2. Dankbare Anbetung

Um das aus den Worten des Petrus zu vernehmen, müssen wir uns nochmal den Zusammenhang der Geschichte klarmachen: Da war ein junger Mann gekommen und hatte Jesus gefragt, was er tun müsse, um das ewige Leben zu gewinnen. Und Jesus hatte ihm gesagt: »Brich mit deinem Götzen, verkaufe und verschenke deinen Besitz, und folge mir nach.« Darauf war dieser junge Mann schweigend davongegangen. Und Jesus – weit entfernt davon, mit ihm zu verhandeln – hatte ihm nachgerufen: »Eher geht ein Kamel durch ein Nadelöhr, ehe ein irdisch gesinnter Mensch in das Reich Gottes kommt.« Darauf waren die Jünger entsetzt und fragten: »Wer kann denn selig werden?« Und nun hatte Jesus ein unerhörtes Wort gesagt: »Bei Menschen ist das überhaupt unmöglich. Nur Gott kann so etwas bewirken.«

Ich stelle mir vor, dass nun einige Sekunden Schweigen war. Und dann bricht es aus Petrus heraus: »Wir haben ja alles verlassen und sind Dir nachgefolgt. Dann hat also an uns die Macht Gottes etwas getan und bewirkt. Dann sind wir ja ein Wunder, wir, die wir loswurden von der Knechtschaft der Welt und Deine Jünger wurden!«

Ja, das ist ein großes Ding, wenn ein Mensch merkt, dass Gott durch den Heiligen Geist an seinem Herzen arbeitet. Die Menschen Gottes haben alle anbetend und voll großer Dankbarkeit davon gesprochen. David rühmt: »Er zog mich aus der grausamen Grube und aus dem Schlamm und stellte meine Füße auf den Fels.« Und Paulus berichtet davon mit den Worten: »Als es Gott gefiel, seinen Sohn in mir zu offenbaren ...«

Es wäre schon viel gewonnen bei uns, wenn wir Gottes Werk in uns nicht hindern wollten, wie es meist geschieht. Größer noch ist es, wenn wir bewusst ja sagen zu Seinem Werk: wenn Er uns erweckt, dass wir uns wirklich aufmachen und dem Sündenleben den Abschied geben; wenn Er uns den gekreuzigten Heiland als einzigen Retter groß macht, dass wir Seinem Rufen folgen; und wenn Er uns so führt und erzieht, dass der alte Mensch gekreuzigt und in den Tod gegeben werden soll, dass wir wirklich uns selbst in den Tod geben, damit das göttliche Leben in uns anbreche. Ich weiß im Himmel und auf Erden nichts Größeres als das Arbeiten Gottes an einem Herzen, durch das der Vater die Erwählten zum Sohn zieht.

### 3. Der falsche Ton

In einem Zimmer unseres Essener Jugendhauses steht ein kümmerliches Harmonium.

Nun ja, es tut seinen Dienst. Aber sehr oft klingt doch ein falscher Ton mit und stört die Harmonie des Gesangs.

Auch in der Rede des Petrus ist solch ein falscher Ton. Wohl hörten wir, dass er ganz gewiss überzeugt ist, dass der Vater ihn zum Sohn gezogen hat. Und doch – klingt nicht in seinen Worten ein gewisser Stolz? »Wir haben alles verlassen und sind dir nachgefolgt.« Da steht das »Ich« sehr groß da.

Der Heiland hat den Petrus nicht korrigiert. Er kann warten. Aber ein halbes Jahr später kam die Stunde, da hatte der Petrus seinen Heiland verraten und verleugnet. Als es ihm bewusst wurde, ging er in die Einsamkeit der Nacht und weinte. Stellen wir uns einmal vor, es wäre in jener Stunde einer ihm nachgegangen und hätte gesagt: »Petrus, was bist du doch für ein großartiger Mann! Ganz anders als der reiche Jüngling! Du hast alles verlassen und bist dem Heiland nachgefolgt!« – Was hätte Petrus da gesagt?

Seht, er hat es lernen müssen, dass unser Heil nicht auf dem beruht, was wir tun. Es beruht vielmehr darauf, dass Jesus, der Sohn Gottes, »alles verlassen hat und uns nachgefolgt ist«. Er hat Seine Herrlichkeit bei Gott verlassen. Er hat sich an uns gehängt. Ach, mehr! Er hat sogar Sein Leben gelassen und hat unsre Schuld an das Kreuz getragen. Und seht, darauf beruht unser Heil. »Herr, du kennst meine Schwäche, / nur dir vertraue ich; / nicht das, was ich verspreche, / was du sprichst, tröstet mich.«

*»Jesus aber sprach zu seinen Jüngern: Wahrlich, ich sage euch: Es ist niemand, der ein Haus verlässt oder Eltern oder Brüder oder Weib oder Kinder um des Reiches Gottes willen, der es nicht vielfältig wieder empfange in dieser Zeit, und in der zukünftigen Welt das ewige Leben.«*
Lukas 18,29-30

Was halten Sie von Sprichwörtern?
Da ist z. B. das Sprichwort: »Wer wagt, gewinnt.« Ist das wahr?
Napoleon, Hitler und andere haben ein hohes Spiel gewagt – und haben verloren. Da haben wir es erlebt, dass dies ein gefährliches Sprichwort ist.
Im Alten Testament gibt es eine sehr aufschlussreiche Geschichte: Da steht Israel am Roten Meer, verfolgt von dem Heer der Ägypter. Und nun tut Gott etwas sehr Seltsames: Er reißt durch einen starken Wind die Fluten des Meeres auseinander, dass ein Weg im Meer

entsteht. Ein unheimlicher Weg zwischen Wassermauern. »Wer wagt, gewinnt!« mag Mose gesagt haben. Und dann führte er Israel durchs Meer und gewann die Freiheit. »Wer wagt, gewinnt!« sagte auch Pharao und jagte mit dem Ägypter-Heer hinterher. Da fielen die Wogen des Meeres zusammen, und alle kamen um.
Was war der Unterschied zwischen beiden? Pharao wagte es im Vertrauen auf sein Glück. Und er verlor. Israel wagte es, weil der Herr in der Wolkensäule voranzog. Ihm folgte Sein Volk.
Daraus möchte ich den Schluss ziehen: Es gibt nur einen einzigen Fall, wo es immer wahr ist: »Wer wagt, gewinnt.« Das ist da, wo man es wagt, blindlings Jesus zu folgen.

## »Wer wagt, gewinnt!«

### 1. »Wer wagt ...«

»Wer sein Haus verlässt oder Eltern oder Brüder oder Weib oder Kinder um des Reiches Gottes willen ...« Das also gibt es! Das wird erwartet!
Geht uns da nicht erschreckend auf, wie sehr wir das Evangelium verharmlost haben? Vor einiger Zeit bat mich ein Mann zu sich und

teilte mir mit, er wolle wieder in die Kirche eintreten. Als ich ihn fragte, warum er denn ausgetreten sei, antwortete er: »Als ich damals austrat, stand ich unter einem gewissen Zwang. Vielleicht hätte ich meine Stellung verloren, wenn ich in der Kirche geblieben wäre.« Dem Mann kam also gar nicht der Gedanke, dass man »um des Reiches Gottes willen« einen Nachteil auf sich nehmen könnte.

Irgendwie sind wir alle von diesem Geist besessen. Wir haben aus dem Christentum – um ein Bild zu brauchen – ein harmloses Fähnchen gemacht, mit dem man sein Haus verziert. Jesus aber will nicht eine Verzierung sein am Haus unseres Lebens, sondern Er will der Herr im Haus sein.

Und Er fordert! Nicht von allen dasselbe. Vom reichen Jüngling forderte Er die Drangabe seines Vermögens. Dem reichen Nikodemus sagte Er nichts dergleichen, verlangte aber von ihm die Drangabe seiner Weisheit und Gerechtigkeit. Petrus musste sein Heim verlassen. Und die meisten Apostel mussten am Ende ihr Leben opfern. Von der Ehebrecherin forderte der Herr: »Sündige hinfort nicht mehr!« Und Abraham musste aus seinem Vaterland, aus seiner Freundschaft und aus seines Vaters Haus ausziehen.

Ich bin überzeugt, dass jeder ganz genau weiß, was der Herr von ihm fordert: bei dem einen eine üble Art, seine Geschäfte zu betreiben, ein Verquicktsein mit der Unredlichkeit unserer Zeit; beim andern einen Streit, beim Dritten Furcht vor Menschen ...

Ach, was soll ich die Dinge aufzählen! Der Geist Gottes möge es uns zeigen, was der Herr von uns begehrt! »O, ich weiß schon, was ich drangeben sollte«, seufzt vielleicht einer. »Aber – ich kann es nicht! Es ist zu viel verlangt.« Ja, da heißt es, auf Jesus sehen und glauben: »Wer wagt, gewinnt!«

## 2. Gewinnt er wirklich?

»Es ist niemand, der verlässt Haus oder Brüder oder Weib um des Reiches Gottes willen, der es nicht vielfältig wieder empfange in dieser Zeit ...«, sagt der Herr.

Das ist nun ein Wort, das mir viel zu schaffen gemacht hat. Es ist eines von den Worten, wo man den Herrn Jesus fragen möchte: »O Herr, ist das denn wahr?« Lasst mich ein Beispiel aus der Gegenwart nehmen:

Ich hatte einen Freund, Pfarrer Schneider aus Dickenschied. Der kam um Jesu willen in ein Konzentrationslager Hitlers und wurde um seines Zeugnisses willen totgeschlagen. Wie ist es da mit diesem Wort Jesu, dass man alles vielfältig wiederbekommt, dass man alles gewinnt, wenn man es ganz mit Jesus wagt?

Seht, wir meinen immer, wir kämen zu kurz, wenn wir es ganz und rückhaltlos mit Jesus wagen. So hat die Schlange schon der Eva im Paradies eingeflüstert: »Ihr kommt zu kurz, wenn ihr dem Herrn folgt!« So glaubt der Kaufmann: »Ich komme zu kurz, wenn ich ehrlich bin.« So glaubt ein junger Mensch: »Ich komme zu kurz, wenn ich die Lüste der Jugend fliehe.« So glaubt man in Verfolgungszeiten: »Ich komme zu kurz, wenn ich ganz allein mich zu Jesus bekenne.«

Und da sagt nun der Herr: »Es ist nicht wahr! Ihr dürft dem Teufel und eurer berechnenden Vernunft nicht folgen. Ihr kommt nicht zu kurz! Der Herr lässt sich nichts schenken. Er macht Seine Leute nicht unglücklich, sondern sehr froh und reich.«

Und noch ein anderes liegt in diesem Wort Jesu: »Vielfältig« soll der alles wiederbekommen, der es um Jesu willen dran gibt. Da sieht der Herr im Geist die Wirklichkeit Seiner Gemeinde vor sich. Paulus hat um Jesu willen keine Familie gehabt. Aber wie viel geistliche Kinder hat ihm der Herr geschenkt! Als die flüchtenden Hugenotten Frankreich verließen, fanden sie überall in Europa Häuser, die sich ihnen öffneten, Brüder, die sie liebten. Ja, die Menschen, die um Jesu willen starben, waren umgeben von Tausenden, die fürbittend ihrer gedachten. Aber eigentlich können es uns die Märtyrer nur selber sagen, dass Jesus sie nicht betrogen hat.

**3. Wer es mit Jesus wagt, gewinnt in jedem Fall**

»… und in der zukünftigen Welt das ewige Leben«, sagt der Herr Jesus.
»Das sind unsichere Wechsel auf die Zukunft!« spottet die Welt. Ja, das versteht nur, wer Gottes Wort vernimmt. Seht, die ganze Bibel, von den Psalmen über die Propheten bis hin zur Offenbarung, lebt in der Gewissheit, dass es ein Gericht Gottes gibt. Wehe uns, wenn wir da nicht bestehen! Und wie wollen wir Sünder denn bestehen?
Es ist geradezu ergreifend, wie der lebendige Gott in Jesaja 43,26 sagt: »Erinnere mich, lass uns miteinander rechten; sage an, wie du gerecht sein willst.« Da spricht in den Versen vorher der Herr von der Vergebung der Sünden, die der Herr Jesus, der Sohn Gottes, durch Seine Mühe und Arbeit für uns am Kreuz erwirkt hat. Und nun fordert Gott uns hier gleichsam auf, ob wir wohl einen andern Weg ausfindig

machen könnten, um im Gericht zu bestehen; einen andern Weg als die Vergebung der Sünden durch Jesu Blut. Es gibt keinen.

Und wer das begreift, dem geht Jesus über alles. Er weiß: Kein Preis ist zu hoch, um Ihn zu haben. Habe ich Ihn, so ist mir die zukünftige Welt gewiss. Und wenn ich um Seinetwillen alles, Heimat, Brüder, Weib und Kinder lassen müsste, – Er wird selber einmal die Tränen abwischen von meinen Augen. Er wird mir bei sich eine ewige Heimat geben.

Nachfolger Jesu können alles in den Tod geben, weil sie eine lebendige Hoffnung des ewigen Lebens haben.